校园体育

体育游戏 体育旅游

TIYU YOUXI TIYU LüYOU

主编 陈刚 田云平 庞明 王天越

吉林出版集团股份有限公司

图书在版编目（CIP）数据

体育游戏 体育旅游 / 陈刚, 庞明等主编. -- 长春：
吉林出版集团股份有限公司, 2011.5
ISBN 978-7-5463-5254-1

Ⅰ.①体… Ⅱ.①陈… ②庞… Ⅲ.①体育游戏—青
年读物②体育游戏—少年读物③体育—旅游—青年读物④
体育—旅游—少年读物 Ⅳ.①G898.1-49②G895-49

中国版本图书馆 CIP 数据核字(2011)第 081738 号

体育游戏 体育旅游

主编 陈刚 田云平 庞明 王天越
策划 曹恒
责任编辑 息望 付乐
出版发行 吉林出版集团股份有限公司
印刷 河北锐文印刷有限公司
版次 2011 年 7 月第 1 版　2018 年 5 月第 8 次印刷
开本 787mm×1092mm 1/16　**印张** 10　**字数** 100 千
书号 ISBN 978-7-5463-5254-1　**定价** 26.80 元
社址 长春市人民大街 4646 号　**邮编** 130021
电话 0431-85618717　**传真** 0431-85618719
电子邮箱 tiyu717@126.com

序言

　　盛世奥运，举国同辉。教育部、国家体育总局、共青团中央联合启动了"全国亿万青少年学生阳光体育运动"项目。这是我国新时期加强青少年体育锻炼、增强青少年体质的战略举措。

　　民族复兴，体育同行。近世中国，面对民族危难，仁人志士坚信"少年强则国强"，号召新青年"文明其精神，野蛮其体魄"。新中国成立后，党和政府十分重视青少年的健康成长，提出"健康第一，学习第二"、"发展体育运动，增强人民体质"等口号。当今世界，体育发展水平已成为衡量民族文明程度的一项重要指标。

　　重智商、轻体育，重营养、轻锻炼的倾向，将严重阻碍青少年素质的全面发展。开展阳光体育运动的目的，就是号召青少年学生走向操场、走进大自然、走到阳光下，并以奥运为契机，以全民健身为背景，促使青少年养成体育锻炼的良好习惯。

　　为配合阳光体育运动的开展，吉林出版集团组织有关专家和一线体育工作者，共同编著了这套《校园体育》。希望本丛书的出版，能为各级各类学校开展阳光体育运动辅以指导和帮助。

目录　CONTENTS

目录　CONTENTS

目录 CONTENTS

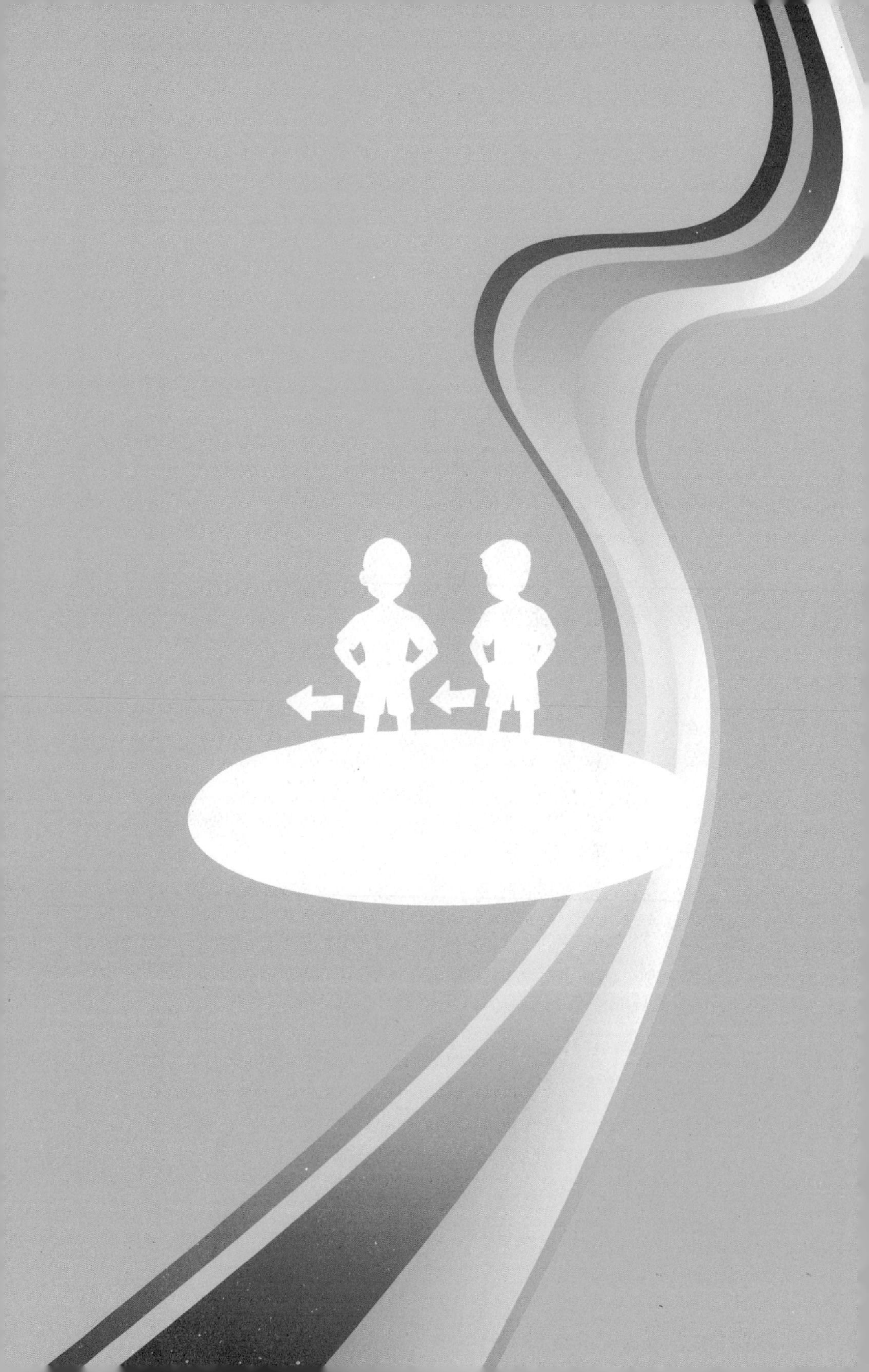

第一章 运动保护

"生命在于运动"，但是盲目、不科学的运动非但不能起到强身健体的作用，反而会给身体带来一定的伤害。只有掌握体育锻炼的一般性生理卫生知识，科学地进行体育锻炼，才能起到强体健身、防病治病的作用。

大球

小球

第一节 生理卫生

青少年在进行体育运动时，除了应进行一般性的身体检查和必要的咨询外，还要注意培养运动兴趣和把握适当的运动强度。

一、培养运动兴趣

在进行运动前，首先必须培养自己对体育运动的兴趣。培养兴趣的方法有很多，如观看体育比赛，与同学、朋友进行体育比赛等。有了浓厚的兴趣，就能自觉地投入到体育运动之中，从而得到理想的锻炼效果。

二、把握运动强度

青少年进行体育运动，主要是在享受体育运动的过程中增强体质，提高健康水平，而不是为了创造运动成绩，所以运动强度不宜过大。控制运动强度最简单的办法是测定运动时的脉搏。一般对青少年来说，运动时的脉搏控制在每分钟 140 次左右较为合适。

第二节 运动前准备

运动前进行充分的准备活动，对于青少年来说是非常重要的。一些青少年体育运动爱好者，常常不重视运动前的准备活动，导致各种运动损伤，影响运动效果，也容易失去对体育运动的兴趣，甚至造成对体育运动的畏惧。因此，青少年在进行体育运动前，必须做好充分的准备活动。

一、准备活动的作用

运动前做好充分的准备活动能够对肌肉、内脏器官有很大的保护作用，同时还可以提前调节运动时的心理状态。

(一)提高肌肉温度，预防运动损伤

运动前进行一定强度的准备活动，不仅可以使肌肉内的代谢过程加强，温度增高，黏滞性下降，提高肌肉的收缩和舒张速度，增强肌力，同时还可以增加肌肉、韧带的弹性和伸展性，减少由于肌肉剧烈收缩而造成的运动损伤。

(二)提高内脏器官的功能水平

内脏器官的功能特点之一就是生理惰性较大，即当活动开始、肌肉发挥最大功能水平时，内脏器官并不能立刻进入

最佳活动状态。而充分的准备活动可以帮助内脏器官得到"热身"，从而对其起到较好的调节和保护作用。

（三）调节心理状态

青少年进行体育锻炼不仅是身体活动，同时也是心理活动。研究证明，心理活动在体育锻炼中起着非常重要的作用。体育锻炼前的准备活动，可以起到心理调节的作用，即接通各运动中枢间的神经联系，使大脑皮层处于最佳兴奋状态。

二、如何进行准备活动

一般来说，准备活动主要应考虑内容、时间和运动量等问题。

（一）内容

准备活动可分为一般准备活动和专项准备活动。一般准备活动主要是一些全身性的身体练习，如跑步、踢腿、弯腰等。一般准备活动的作用在于提高整体的代谢水平和大脑皮层的兴奋状态，减少运动损伤的发生。专项准备活动是指与所从事的体育锻炼内容相适应的动作练习。

下面介绍一套一般准备活动操，供青少年运动前使用。这套活动操主要包括头部运动、肩部运动、扩胸运动、体侧运动、体转运动、髋部运动和踢腿运动等。

1.头部运动

头部运动的动作方法（见图1-2-1）是：

两手叉腰，两脚左右开立，做头部向前、向后、向左、向右，以及绕环运动。

2.肩部运动

肩部运动的动作方法（见图1-2-2）是：

手扶肩部，屈臂向前、向后绕环，以及直臂绕环。

3.扩胸运动

扩胸运动的动作方法（见图1-2-3）是：

屈臂向后振动及直臂向后振动。

4.体侧运动

体侧运动的动作方法（见图1-2-4）是：

两脚左右开立，一手叉腰，另一臂上举，并随上体向对侧振动。

5.体转运动

体转运动的动作方法（见图1-2-5）是：

两脚左右开立，两臂体前屈，身体向左、向右有节奏地扭转。

6.髋部运动

髋部运动的动作方法（见图1-2-6）是：

两脚左右开立，两手叉腰，髋关节放松，做向左、向右360°旋转。

7.踢腿运动

踢腿运动的动作方法（见图1-2-7）是：

两臂上举后振，同时一腿向后半步，然后两臂下摆后振，同时向前上方踢腿。

图 1-2-1

图 1-2-2

图 1-2-3

图 1-2-4

图 1-2-5

图 1-2-6

图 1—2—7

（二）时间和运动量

准备活动的时间和运动量随体育锻炼的内容和量而定，由于以健身为目的的体育运动量较小，所以准备活动的量也相对较小，时间也不宜过长，否则，还未进行体育锻炼身体就疲劳了。半小时的体育锻炼，准备活动时间一般以 10 分钟左右为宜。

第三节 运动后放松

进行剧烈的体育运动后，有些青少年习惯坐在地上，或是直接躺下来休息，认为这样可以快速消除疲劳。其实不然，这样做的结果不仅不能尽快地恢复身体功能，反而会对身体产生不良影响，正确的做法应该是运动后做一些整理活动，放松身体。

一、运动后整理活动的必要性

运动后的整理活动不但可以避免头晕等症状，还可以有效地消除疲劳。

(一)避免头晕

人体在停止运动后，如果停下来不动，或是坐下来休息，静脉血管失去了骨骼肌的节律性收缩，血液会由于受重力作用滞留在下肢静脉血管中，导致回心血量减少，心血输出量下降，造成暂时性脑缺血，出现头晕、眼前发黑等一系列症状，严重者甚至会出现休克。为了避免这些症状的发生，整理活动是非常必要的。

(二)消除疲劳

除了避免头晕等症状的发生，运动后的整理活动还可以改善血液循环状态，达到快速消除疲劳的目的。

二、放松方法

在运动后放松时，应注意以下几个问题：

(1)做一些放松跑、放松走等形式的下肢运动，促进下肢静脉血的回流，防止体育锻炼后心血输出量的过度下降；

(2)下肢活动后进行上肢整理活动，右臂活动后做左臂的整理活动，通过这种积极性休息，使身体功能得到尽快恢复；

（3）整理活动的量不要过大，否则整理活动又会引起新的疲劳；

（4）在进行整理活动时，应当保持心情舒畅、精神愉快。

第四节　恢复养护

人体在运动后，除采用休息和积极性体育手段加速身体功能的恢复外，还可以根据体育运动的特点，补充不同的营养物质，以尽快消除疲劳。

体育运动结束后，人体内会产生一种叫做乳酸的酸性物质，它的积累会造成肌体的疲劳，使恢复时间延长。所以，我们在体育运动后，应多补充一些碱性食物，如蔬菜、水果等，而动物性蛋白等肉类食品偏"酸"，在运动后的当天可适当减少摄入。

第二章 体育游戏概述

随着中国学校体育改革的不断深化和大众体育的迅速发展，体育游戏由于健身效果好，趣味性强，易于开展，因此越来越受到重视，并被广泛运用于体育实践之中。

第一节 起源与发展

作为健身娱乐活动的一种，体育游戏有着悠久的历史，而且，它是随着各民族文化的发展而发展的。

一、起源

在人类社会初期，游戏被作为教育儿童的一种手段。家长常把自己的生活与劳动经验通过游戏的方式传授给孩子们。同时，孩子们也自发地对周围环境和成人的行为进行观察和模仿，做各种简单的、象征性的游戏。孩子们在结伴游戏时，还可受到友爱和团结等方面的教育。

在古希腊时代，斯巴达就有了滚圈、木马和秋千等游戏设施。父母通过游戏对孩子进行生活和劳动等方面的技能教育。

在原始社会末期，居住在中国大兴安岭一带过着游猎生活的鄂温克人，就利用"打熊"和"射雕"等游戏教给孩子们生活和生产的本领，并使其身体得到锻炼。

在中国敦煌壁画中也有游戏与舞蹈形象的内容。

可见，体育游戏起源于原始社会，有着悠久的历史。

二、发展

随着人类社会的不断进化，人们的生活和劳动方式，以及生产和交通工具等，都在不断地演变和进化，体育游戏也随之不断地发展。

人类最初只会跑、跳、追逐、角力，或模仿鸟飞、兽走、鱼游、刮风、下雨等生物与自然现象。后来随着社会的发展，游戏的内容也不断丰富起来，动作也更为复杂。如模仿狩猎、畜牧、耕种和建筑等活动，还模仿祭祀、膜拜神鬼以及骑马、打仗等。

产生了语言之后，逐渐出现了带有说白或歌唱式的游戏。人类有了文字之后，又逐渐出现了有故事情节和智力性的游戏（如猜谜、填字组词、计算等）。

新中国成立后，体育游戏在学校体育教学中开始占有大量比重。1956 年制订的第一部中小学体育教学大纲中规定，教材只包括基本体操与游戏两大类。根据各级学校体育教学中游戏教学的需要，国家教委又于 1986 年将体育游戏列为高等学校体育教育专业学生的专业必修课。

近十几年来，由于教学的需要，我国已先后出版了一些体育游戏实践方法的书籍，对游戏理论进行了探讨，这无疑对体育游戏的发展起到了促进作用。但是，与其他学科相比较，体育游戏无论在实践上还是理论上都还只是迈出了第一步，在系统性、科学性上都还有待于进一步探讨。

目前，随着中外文化和教育的交流，国内外的许多民间游戏也得以相互传播和交流。游戏是社会进步和人类社会生活方式的反映，今后随着社会的不断发展，将会创造出更多、更好、更新颖的游戏。

第二节 特点与价值

体育游戏既是一种游戏，又属于体育活动的一种。它除了具有游戏和体育活动的一般特点外，还有其本身所固有的特点，如自由选择性、变通性、竞争性和趣味性等。

一、特点

体育游戏之所以能够被广泛应用到体育教学中，而且令青少年对其产生浓厚的兴趣，这与体育游戏自身所具有的特点是分不开的。

(一)自由选择性

人们在体育游戏中关注的是活动过程的乐趣，而不是活动的最终目的或结果。体育游戏活动的目标往往可根据青少年自己提出的要求而设定。青少年可以自由选择玩什么，怎样玩。

(二)变通性

体育游戏的活动方法、动作路线和主要规则可以根据参加者的实际情况有不同变化，场地、器材也可以根据实际情况选用，便于组织开展活动。

（三）竞争性

与其他体育活动一样，体育游戏也具有竞争性。竞争的内容可以随意变通，可以比体力、比技巧、比智力，还可以比运气、比与同伴的协作、比集体的力量、比应变能力和比勇气等。

（四）趣味性

趣味性是体育游戏的显著特征。青少年可以获得自由表现的机会，把注意力集中于活动过程的乐趣上，使参与者拥有一种轻松愉快的心境。

二、价值

体育游戏是一项特殊而有价值的活动。随着社会生产力和社会文化的发展，体育游戏的功能不断被人们所认知，并在社会生活中发挥重要作用。

（一）健身价值

青少年处于长身体的关键时期，养成正确地走、跑、跳和投等基本活动能力，有利于身体生长发育。体育游戏中有大量适合在青少年群体中开展的形式和内容，对于青少年身心健康有着特殊的价值。

(二)社会价值

在体育游戏中，参与者的社会能力、社会适应性和遵守社会规范的意识，将会得到进步发展，并能在娱乐和健身中有效地进行个体社会化。

(三)心理价值

现代社会的发展使得社会成员之间的竞争加剧，工作强度加大，精神负担加重，人际关系也发生了很大变化。为了适应高强度的社会生活，就要求社会成员具有良好的个性心理素质。体育游戏对改善心理状况和发展个性心理素质具有独特的作用。

第三章 体育游戏场地、器材和装备

　　体育游戏之所以受到广大青少年的欢迎和喜爱，不仅因为其本身的运动特点活泼多样，还因为体育游戏对场地、器材和装备的要求较低，便于开展。本章主要介绍进行体育游戏所必需的场地、器材和装备。

第一节 场地

　　体育游戏的场地选择较为灵活,包括室外、室内和野外等。对不同的场地有着不同的要求。

一、规格

　　体育游戏对场地的规格没有具体要求,可因地制宜,能够展开游戏即可。

二、要求

(一)室外

　　(1)在室外进行游戏,必须清除场地上的杂物和尘土;

　　(2)许多游戏需要平坦的场地,最好把场地压实,根据游戏内容画好场地的固定界限,做好安全措施;

　　(3)在做追逐、躲闪、角力和投掷等游戏时,应该离开固定器械或墙壁,以免碰伤。做投掷游戏时,应该向同一方向投掷;

　　(4)冬季,游戏场地要清除积雪,并压实。夏季,场地要打扫干净并洒水。

(二)室内

　　(1)在室内进行游戏,应当在宽敞、通风的房间或体育馆内进行；

（2）室内应尽量减少阻碍游戏者动作的物品。

（三）野外

如果在野外进行游戏，游戏的领导人应该预先熟悉地形，并要拟定好游戏的场地范围。

第二节 器材

体育游戏使用的器材种类繁多，大多数游戏使用的器材包括小旗、木棍、绳索、球、沙包和蒙眼布等。

一、颜色

为了使游戏者能清楚地看到器材，最好用色彩鲜艳的颜色。

二、规格

器材的重量和大小以适合游戏者使用为宜，并应保证使用时的安全。

三、要求

（1）器材要保持干净完好，游戏前要仔细检查。有些器材，青少年可以自己动手制作，如沙包和木棍等，这样还可以培养动手能

力；

（2）有些器材的准备，可以在老师或家长的指导下进行，如场地画线、器材的布置与分发等，这些活动有利于青少年养成良好的劳动习惯，对于青少年思想教育也十分有益。

第三节 装备

一、服装

（一）款式

体育游戏对服装的要求不大，但不同类型的体育游戏对服装的要求也不一样。如奔跑类和跳跃类游戏要求穿着简便，易于运动；斗智类游戏则对服装没什么要求，只要平时穿的服装即可。大多数游戏要求游戏者最好穿着运动装。

（二）要求

（1）服装要便于活动，一般为吸汗性和透气性较好的棉制品；

（2）要整洁干净，宽松舒适，防止在游戏的过程中出现意外伤害事故。

二、鞋

在进行体育游戏时，鞋是很关键的，因为有很多游戏都需要游戏者作出及时的判断，并且要快速的爆发，这就要求运动鞋要具有较好的摩擦力，这样，不仅便于运动，还能减少意外事故的发生。

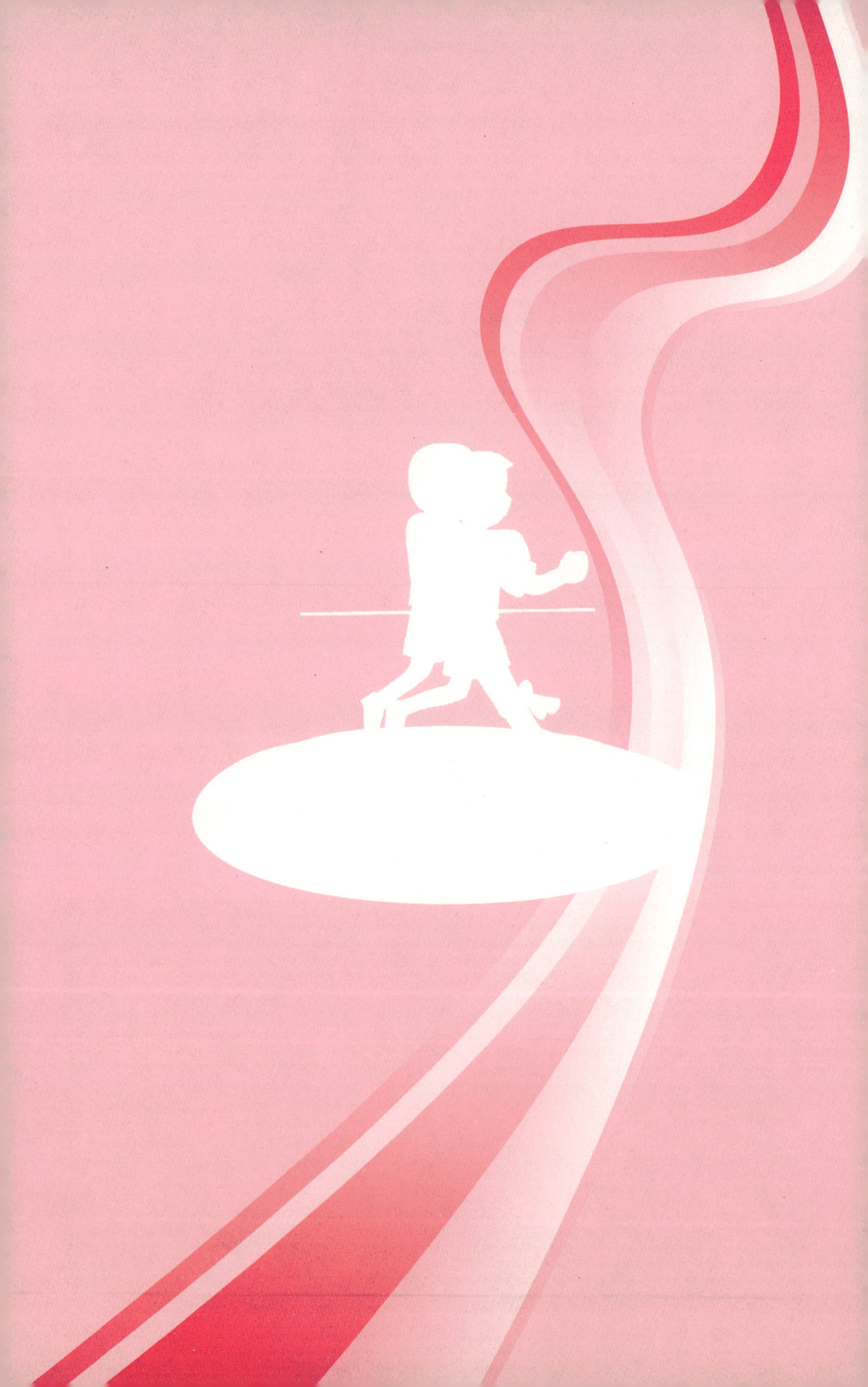

第四章 体育游戏 40 种

体育游戏的种类繁多，作用不尽相同，不同年龄段有不同的游戏，深受广大青少年的喜爱。为更好地开展体育游戏活动，建议在教师的指导下进行体育游戏，并控制好游戏的量。

第一节 迎面接力跑

一、游戏目的

提高速度,培养集体主义精神。

二、游戏准备

场地一块,接力棒若干。

三、游戏方法

(1)将学生分成人数相等的两队,各队再分成两组,相距 30 米,面对面呈纵队站立;

(2)一组排头持接力棒站在起跑线后;

(3)教师发令后,排头迅速起跑;

(4)将接力棒交给本方另一组排头,然后站到排尾,依次进行,每人都跑完一次;

(5)先跑完的队为优胜(见图 4-1-1)。

四、游戏规则

(1)接棒时不得越出限制线;

(2)棒必须交到手中,不得抛接,掉棒时由本人拾起。

五、教学建议 ✿✿✿✿✿✿

（1）做好准备活动，以免受伤；

（2）队形也可呈横队站立，便于观看，在轮到跑时可提前站到起跑线后。

图 4-1-1

第二节 大鱼网

一、游戏目的 ✿✿✿✿✿✿

培养协同一致精神，发展灵活性。

二、游戏准备

长方形场地一块,从学生中选出 2~3 人做"网",其余学生做"鱼",分散在场内。

三、游戏方法

(1)开始时由组成"网"的学生拉手围捕"鱼";
(2)被围住者便加入"网",手拉手围捕其他的"鱼";
(3)把全部"鱼"捕完,结束(见图 4-2-1)。

四、游戏规则

(1)做"鱼"的学生不能跑出场外;
(2)"鱼"被围住就算作被捉,"鱼"不可冲破网;
(3)"网"不能自行破裂,如破裂则"鱼"能自由出入。

五、教学建议

(1)开始时应选跑得快、耐力好的学生做"网";
(2)运动量应控制好,并应根据情况及时调整。

图 4-2-1

第三节 三人三足

一、游戏目的

培养动作协调、敏捷和相互协作的能力。

二、游戏准备

布带子两条，小旗两面。在场地上画一条起跑线，在距线 20 米处并排插两面小旗。

三、游戏方法

（1）将学生分成人数相等的两队，各呈两路纵队站在起跑线

后；

(2)每队第一组用布带子将两人内侧脚踝关节绑在一起，双臂互相搭肩，准备起跑；

(3)游戏开始，教师发令后，每队第一组立即向前跑进，绕过小旗跑回到起跑线，把布带子解开交给第二组，游戏按照上述方法依次进行，每人轮流跑一次，最后以先跑完的队为胜方（见图4-3-1）。

四、游戏规则

(1)必须在起跑线后把脚绑好，不准抢跑；

(2)若中途带子散开，应在原地绑好后再继续跑进。

五、教学建议

每队也可用两条带子，第一组出发后，第二组即把脚绑好，准备起跑。第一组跑回起跑线拍第二组的手后，第二组即可起跑。

图 4-3-1

第四节 双人跳绳跑

一、游戏目的

培养相互配合,协调一致的合作精神,发展其跳跃能力。

二、游戏准备

跳绳(长 2.5 米)两根。在场地上画两条相隔 15 米的平行线,一条为起点线,一条为折回线。

三、游戏方法

(1)教师将学生分成人数相等并为偶数的两队,各呈两路纵队站在起点线后;

(2)横排两人为一组。各队第一组学生并肩站立,一人左手握绳柄,一人右手握绳柄,把绳荡在身后做好准备;

(3)教师发令后游戏开始,两人同摇一根绳子,并跳绳跑到折回线,脚触线后,两人摇绳返回本队;

(4)把绳交给第二组,然后站到队尾;

(5)第二组学生接绳后,依照前面方法进行,直至全队轮流一次后,以先完成的队为胜方(见图 4-4-1)。

四、游戏规则

（1）摇绳跑时，必须连续一摇一跳，不得全跑；

（2）中途失误停绳后，必须在原地重新摇绳后方可前进；

（3）两人脚都触到折回线后，方可返回。

五、教学建议

（1）游戏前先试做几次双人跳绳；

（2）双人跳绳也可以两人前后站立，用后面人摇绳两人跳进方法进行；

（3）折回线处可插两面小旗，要求跳绳人绕小旗跳绳跑回。

图 4-4-1

第五节 胜进败退

一、游戏目的

发展下肢力量和提高反应速度。

二、游戏准备

在场地上画两条相距 40 米的平行线为起点线。

三、游戏方法

（1）将学生分成人数相等的两队，各呈纵队分别站在两条起点线后，彼此相对站好；

（2）游戏开始，教师发令后，两队排头做蛙跳跳向对面起点线，当两人相遇时，停下来猜拳，胜者继续向前跳，败者退出游戏，回到本队；

（3）与此同时，败者队第二人立即起跳，与胜者相遇时，停下来猜拳，依次进行；

（4）最后以先到达对方起点线的队为胜方（见图 4-5-1）。

四、游戏规则

（1）猜拳负者须立即归队，不准阻挡对方前进；

（2）必须在猜拳后负方队员向回跑时，负方下一个人才能起步跳出。

五、教学建议 ❤❤❤❤❤❤

（1）此游戏所规定的蛙跳可以改成单脚跳、侧向跳等形式进行；

（2）猜拳方法，双方可先分别确定为单双数，猜拳时，两人各自出示手指，以和规定数目吻合者为胜方，或者选用石头、剪子、布的游戏方法定胜负。

图 4-5-1

第六节 打野鸭子

一、游戏目的

发展投掷准确、闪躲灵敏等能力。

二、游戏准备

排球场地 1 块,排球 2～3 个。

三、游戏方法

（1）将学生分为人数平均的两队,以猜拳方法决定谁先做"野鸭"或"猎人",以半块场地为"湖泊","野鸭"在湖泊里,"猎人"在岸上,猎人手中保持 2～3 个排球为子弹。教师鸣笛开始后,"猎人"用球打"湖"里"野鸭",将"湖"中"野鸭"被击中者推出球场;

（2）在规定时间内,两队交换,击中"野鸭"多者为胜方;

（3）此游戏中的"湖泊"可改为圆形。可规定单位时间内打中"野鸭"的数量（见图 4-6-1）。

四、游戏规则

（1）"野鸭"活动范围不得离开"湖泊区";

（2）"猎人"不得进入"湖泊"射击;

（3）球出场外，"猎人"必须迅速捡回，时间计在比赛有效时间内。

五、教学建议 ❮❮❮❮❮❮❮

（1）如有条件，可分两个场地进行；

（2）如要节省因捡球而浪费的时间，可备用 2～3 个球。

图 4-6-1

第七节 二人争球

一、游戏目的 ❮❮❮❮❮❮❮

发展手指和手臂力量。

二、游戏准备 ❤❤❤❤❤❤

每两人一个篮球。

三、游戏方法 ❤❤❤❤❤❤

（1）将学生分成人数相等的两队，横队面对面站立；

（2）每两人一对，伸直两臂持一个球；

（3）听到教师发令后，两人立即争夺球，夺得一球为本队得1分，比赛三次，最后以累计得分多的队为胜方（见图 4-7-1）。

四、游戏规则 ❤❤❤❤❤❤

（1）持球时两手只准握住球两侧，不得手指连接或交叉将球抱住；

（2）夺球时不准屈臂和扭转。

五、教学建议 ❤❤❤❤❤❤

此游戏也可在两队间画一条线，并在各自身后一定距离再画一条线，比赛时以将对方拉过自己身后线者为胜方，并为本队得1分。

图 4-7-1

第八节 抛球喊号

一、游戏目的

发展灵敏性和快速反应能力。

二、游戏准备

排球一个,操场或空地。

三、游戏方法

(1)学生依次报数定号,先由教师向上抛球并喊号,被喊者立即上来接球,其余的同学迅速离开,被喊者接到球后,可以继续抛球喊号,也可用球击身边的人,如被喊者没接到球,则只能继续喊

号而不能击人;

　　(2)被击倒者要被罚做俯卧撑或立卧撑,之后做引导人,继续喊号(见图4-8-1)。

四、游戏规则

　　(1)掷球者要击腰部以下部位方为有效;

　　(2)被喊者接到球后,场上所有队员停在原地不准跑动,让被击者击球,被击者可以动一只脚,进行躲闪;

　　(3)抛球的高度不准超过自己头顶3米;

　　(4)掷球者三次击不到人,同样被罚做俯卧撑或立卧撑。

五、教学建议

　　(1)分组时以8~10人为一组比较合适;

　　(2)根据各队情况,可罚一些队员做技术要求较低的项目。

图4-8-1

第九节 二搬一接力

一、游戏目的

发展下肢和腹背力量,掌握二搬一技术。

二、游戏准备

画两条相距 15 米的起点线、终点线,终点线上插两面小旗。

三、游戏方法

把学生分成人数相等的甲乙两队,各队 1 至 3 报数(见图 4-9-1)。

四、游戏规则

不得抢跑,每跌倒一次扣 1 分,到标志旗后单双数才能互换。

五、教学建议

此游戏运动量较大,游戏前应做好准备活动。根据游戏情况,可适当调整搬运距离。

图 4-9-1

第十节　传球接力

一、游戏目的

发展身体协调性，提高传接球技术和快速奔跑能力。

二、游戏准备

场地上画一条横线为起点线，距起点线 10 米处并排间隔一定距离，画四个直径为半米的圈。篮球四个。

🌀 三、游戏方法 ❤❤❤❤❤❤

（1）8～10人为一组，共分四组，各组纵队站在起点线后，与圈相对，各组排头持一个球；

（2）游戏开始，听到口令后排头持球跑出，跑至本组圈内转身将球传给本组第二名队员，自己从场外跑回本组排尾，第二名队员在起点线后接球，然后跑至圈内，将球传给第三名队员。如此依次进行，到排头接到球并将球举起为止，最先完成的组为胜方（见图4-10-1）。

🌀 四、游戏规则 ❤❤❤❤❤❤

（1）在圈内传球，方法不限，不得踩线出围；

（2）必须在起点线后接球，接球后才能跑。

🌀 五、教学建议 ❤❤❤❤❤❤

（1）跑动可改为运球；

（2）可改为排头至圈内传球给排尾，排尾将球依次向前传递，至新排头，原排头传球后站到排尾准备接球；或由排尾持球至圈内，传球给排头，排头可按规定用头上传递球、转体传递球、胯下传递球或胯下运球等方法向后传递，排尾跑回，站在排头准备接球。

图 4-10-1

第十一节　你追我赶

一、游戏目的

发展快速跑能力和团结协作精神。

二、游戏准备

在场地上画一个边长 10 米的正方形，每个角外画一个直径 1 米的圈。

三、游戏方法

(1)把游戏者分成人数相等的甲、乙、丙、丁四个队,各队站在规定边线外；

（2）游戏开始，各队第一名队员站在本队圈内，发令后立即按逆时针方向奔跑，各自追拍前面的人，即甲追乙、乙追丙、丙追丁、丁追甲，直到有人被拍着或跑完规定时间为止；

（3）然后各队第二名队员进入圈内继续比赛，如此依次进行，最后以拍着人多的队为胜方（见图4-11-1）。

四、游戏规则

（1）每个人都要通过角上的圈在边线外跑动，否则算作被后者拍着；

（2）只准拍，不准推、拉、绊。

五、教学建议

（1）根据教学对象决定跑的时间；

（2）各队可自行安排跑的顺序，决定后不得再换人；

（3）此游戏可采用接力跑形式进行。

图4-11-1

第十二节 传球触人

一、游戏目的

提高传接球能力及闪躲灵活性。

二、游戏准备

篮球场一个,篮球一个。

三、游戏方法

(1)学生分散在半场内,指定两人传球,在不走步和不准运球的情况下,传球人用球触及场上跑动的学生;

(2)被触者加入传球人行列中,再去触及其他人,最后看谁没被触到(见图4-12-1)。

四、游戏规则

(1)徒手学生不许超出规定的场地线,违者算作被触及;

(2)传球人不许运球。

五、教学建议

(1)开始指定的传球人,可适当选择传球技术较好的学生,便于游戏进行；

（2）传球方式可以有多种，如双手、单手或反弹球等。

图 4—12—1

第十三节 大球小球

一、游戏目的

提高反应速度，集中注意力。

二、游戏准备

空地一块。

三、游戏方法

（1）游戏者手拉手围成一个大圈；

（2）游戏开始,组织者指定任何一人为排头,按顺时针或逆时针方向做游戏,排头说"大球!"同时用手势做成小球样子；

（3）第二人应接着说"小球!"同时用手势做成大球样子,如此交替进行；

（4）如某人发生错误,罚其为大家表演1个节目或做5次俯卧撑,然后从发生错误的人开始,继续游戏（见图4-13-1）。

四、游戏规则

（1）必须口说大球（小球）而同时用手势做成小球（大球）样子；

（2）前后两人之间不能停顿时间过长,否则算作失败。

五、教学建议

（1）可以采用说大小西瓜、大小葫芦等来进行游戏；

（2）也可以采用说高低、胖瘦,并做出相反意思动作的形式来进行游戏。

图 4—13—1

第十四节 听数抱团

一、游戏目的

集中注意力,提高反应能力,培养上课兴趣。

二、游戏准备

平整场地一块。

三、游戏方法

(1)游戏者围成一个圈,并做逆时针环形慢跑;

(2)当听到组织者喊出"2"或"3"等数字口令时,游戏者立即按该数字2人或3人等抱成一团,少于或多于组织者所喊数字的均算作失败（见图 4-14-1）。

四、游戏规则

听到组织者喊出某个数字时，立即按与该数字相同的人数抱成一团。

五、教学建议

组织者所喊数字不宜太高，以 2～4 为宜。

图 4-14-1

第十五节　看谁踢得多

一、游戏目的

发展协调性和腿部力量。

二、游戏准备

根据人数画若干直径为 2 米的圈,每两人一只毽子。

三、游戏方法

(1)将游戏者分为每两人一组,其中一人站于圈内,按规定的踢毽子方法,听信号开始连续踢毽子,直至中断为止;

(2)再交给另一人进圈内踢,看谁踢得多,多者算作胜方(见图 4-15-1)。

四、游戏规则

(1)以连续踢计数,失误 1 次即中止;

(2)必须在圈内踢,出圈判为中止;

(3)必须按规定动作踢。

五、教学建议

该游戏也可规定时间,在规定时间内连续踢,中途掉毽可拾起

再踢,直至限定时间结束。

图 4—15—1

第十六节　闯三关

一、游戏目的

发展灵敏素质,培养果断精神及目测能力。

二、游戏准备

3～5 米长绳三根。

三、游戏方法

(1)游戏者每两人一组,呈两路纵队站立,选出三对摇绳者,保

持一定间隔,按同一节奏摇绳;

　　(2)游戏开始,同组两人手拉手跑过三根摇动的长绳,顺利通过三关者算作胜方,碰绳者与摇绳者互换(见图4—16—1)。

四、游戏规则

　　(1)摇绳者不得任意变换摇绳速度;
　　(2)游戏者必须尽快闯过三关。

五、教学建议

　　(1)也可三人一组进行游戏;
　　(2)教师可以参加,师生互动。

图4—16—1

第十七节 丢手绢

一、游戏目的

集中注意力,提高反应速度和奔跑能力。

二、游戏准备

在平坦场地上画一个大圈,手绢一条。

三、游戏方法

(1)游戏者面向圈心围坐,或蹲在圈上,先选一人丢手绢;

(2)游戏开始,丢手绢者在圈外按逆时针方向跑动,可随时将手绢丢在任一游戏者背后,然后继续跑一圈,当跑到该游戏者位置时,用手轻拍其背部,该游戏者即为失败,两人交换角色,继续游戏;

(3)如果被丢手绢者发现背后有手绢,应立即拾起并去追拍丢手绢者;如在一圈之内追上,丢手绢者算作失败,仍由原丢手绢者继续丢;如一圈内未能追上,原丢手绢者占据被丢手绢者位置,被丢手绢者变为丢手绢者,继续游戏(见图4-17-1)。

四、游戏规则

（1）不得将手绢丢在两人中间；
（2）他人不得提示；
（3）两人追拍时不得远离圈；
（4）追拍者不得用力推、拉、打对方。

五、教学建议

可选两名丢手绢者，用两条手绢在同一圈上进行游戏。

图 4−17−1

第十八节 老鹰捉小鸡

一、游戏目的

发展灵敏素质、协调性和追拍、躲闪能力，培养团结互助精神。

二、游戏准备

平坦空地。

三、游戏方法

（1）将游戏者分成人数相等的 2～4 队，每队在指定的地方排成一路纵队；

（2）每队选出一人作为老鹰站在别队队外，一人作为母鸡站在排头，其余为小鸡。小鸡在母鸡身后，双手搭在前一人的肩上，或双手抱住前一人的腰；

（3）游戏开始，老鹰捉小鸡，母鸡张开双臂阻拦老鹰，小鸡灵巧地躲闪，不让老鹰拍着，在规定的时间内，以小鸡被捕捉最少的队为胜方（见图 4-18-1）。

四、游戏规则

（1）老鹰不能和母鸡互相推、拉、扭、跑，不能拖住对方；

（2）老鹰不能从母鸡两臂下面钻过，只可从两侧绕过；

（3）小鸡被老鹰拍着，或在躲闪时脱散，都算作被捉，应及时退出游戏。

五、教学建议

（1）游戏时要启发游戏者团结一致，相互配合，机智灵活地进行躲闪；

（2）游戏中要适当掌握和调整运动量，适时调换母鸡和老鹰。

图 4—18—1

第十九节 打龙尾

一、游戏目的

发展灵敏素质，提高掷准能力，培养集体配合精神。

二、游戏准备

画一个直径 8～10 米的圈,排球一个。

三、游戏方法

(1)分成两组,一组站在圈内,后一人扶住前一人的腰,连接成一条龙,另一组围站在圈外,其中一人持一排球;

(2)游戏开始,圈外一组寻机用排球投击圈内龙尾者腰部以下部位;圈内一组则在排头带动下转动躲闪;

(3)被击中者退出圈外,直至圈内组全部被击中出圈,与圈外组交换角色(见图 4-19-1)。

四、游戏规则

(1)击中龙尾以外的人及击中腰部以上部位均属无效;

(2)圈外人不准进圈投击;

(3)龙头可以挡球,但不得接球;

(4)龙体不得脱节,脱者出圈。

五、教学建议

打龙尾的同学可以围成一个圆圈来进行攻击,或者面对面站成两组。

图 4—19—1

第二十节 斗智斗勇

一、游戏目的

发展灵敏素质和平衡能力，培养机智勇敢精神。

二、游戏准备

平坦空地。

三、游戏方法

（1）游戏者每两人一组，对面站立，两臂前平举，以两手掌相触为间隔距离；

（2）游戏开始，双方可以用推、拉、拨、闪的动作，迫使或诱使对方失去重心，以便脚步移动，使对方脚步移动者算作胜方（见图4—20—1）。

四、游戏规则

（1）只许用手推、拨、拉、闪，不许用掌或拳打；

（2）任何一只脚移动就算作失败；

（3）双方脚同时移动算作和局，应重赛。

五、教学建议

（1）可以利用战术战胜对方；

（2）可以以擂台赛形式或集体比赛形式进行游戏。

图4—20—1

第二十一节 角力

一、游戏目的

发展力量和灵敏素质,锻炼游戏者的机敏力。

二、游戏准备

在场地上画一条线。

三、游戏方法

(1)游戏者分别站在线两侧,两脚前后分开站立;

(2)每两人一组,同时伸右臂或左臂,两右(左)脚外侧相抵,两手互握;

(3)游戏开始,双方用力推、拉对方手臂,使对方脚步移动者算作胜方(见图4-21-1)。

四、游戏规则

(1)只许单臂用力,另一手不得接触对方;

(2)游戏中两脚始终不得移动,否则算作失败。

五、教学建议 ⟩⟩⟩⟩⟩

可以用太极推手等方式进行游戏。太极推手角力的方法是：双方相对站立，以右（左）手手腕紧靠相抵，通过挤、压、推、收、放的动作迫使对方失去重心而移动脚步。

图 4—21—1

第二十二节 背人接力

一、游戏目的 ⟩⟩⟩⟩⟩

发展力量素质，提高奔跑能力，培养吃苦耐劳的顽强精神。

二、游戏准备 ⟩⟩⟩⟩⟩

画两条相距 15 米的平行线，一条为起跑线，一条为终点

线,在终点线上插两面小红旗。

三、游戏方法

(1)将游戏者分成人数相等并为偶数的甲、乙两队,各队"1、2……"报数。每两人一组分别站在起跑线后,各队第一组的游戏者,单数者背起双数者,面对小旗做好准备;

(2)组织者发令后,单数者迅速把双数者背至小旗处,两人进行交换,双数者再以同样方法把单数者背回起点,击打本队第二组的手后站到本队排尾;

(3)第二组再以同样方法法进行游戏,以此类推,以先完成的队为胜方(见图4-22-1)。

四、游戏规则

(1)不准抢跑,如被背者滑下,应在掉下处背好再跑;
(2)必须到小旗后两人才能互换,否则判为失败。

五、教学建议

(1)游戏时应做好准备活动,注意安全;
(2)分组时,两人力量不能太悬殊;
(3)此游戏可采用一对一抱、背、托、扛或二对一、三对一抬的方法进行游戏。

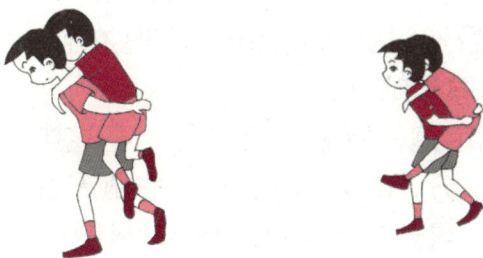

图 4-22-1

第二十三节　报数追拍

一、游戏目的 ♦♦♦♦♦♦

提高反应速度和奔跑能力。

二、游戏准备 ♦♦♦♦♦♦

在场地上画一个直径为 15 米的圈。

三、游戏方法 ♦♦♦♦♦♦

（1）将游戏者排成一列横队，1 至 4 报数并记住各自号数，然后每四人组成一组按顺序站好，全体人员间隔相同距离站在画好的圈上，面朝逆时针方向；

（2）游戏开始，组织者发出齐步走的口令，全体人员沿圈步行，在行进中组织者突喊"2号"，凡是"2号"者，闻声立即出列，在圈外沿逆时针方向向前跑，追拍前一"2号"，其余人听口令后立即停步站立；

（3）按规定跑一圈后站回原处，在途中追拍成功者得1分，追拍者失1分，未被追拍也没追拍别人者得0分。在一定时间和次数内，得分多的组算作胜方（见图4-23-1）。

四、游戏规则

（1）追拍者必须按逆时针方向跟进；
（2）不得阻碍其他组队员追拍。

五、教学建议

参加游戏时，可以规定跑两圈或两圈以上进行追拍。

图4-23-1

第二十四节 顺线追拍

一、游戏目的

发展速度和反应能力。

二、游戏准备

在场地上画 8 米×8 米的正方形若干个,并将每个正方形连接起来。

三、游戏方法

(1)把游戏者分成四人一组用一块场地,游戏者分别站在正方形的一个顶点上,其中三人为逃者,一人为追者;

(2)比赛口令发出后,追拍者可随意沿任何一线追其他三人,而逃者也可以沿任何一线逃跑,但追者和逃者都不可以从一线中途返回,若想改变跑动方向,必须在两线交界处进行,追者在一条线上拍到逃者身体得 1 分,被拍者应退出场地;

(3)在规定时间内未被拍着者也得 1 分,到规定时间后交换角色继续游戏,直到四人均做一次追者后结束,得分多者算作胜方(见图 4-24-1)。

四、游戏规则

（1）听口令开始比赛，否则无效；

（2）追者不得推打逃者，更不可用脚踢绊对方，违者取消游戏资格；

（3）逃者离开线，判为被拍；

（4）两名逃者跑对面时，判为被拍。

五、教学建议

该游戏运动量较大，可适当调整场地大小。

图 4—24—1

第二十五节 长江黄河

一、游戏目的

提高反应速度和奔跑能力。

二、游戏准备

画三条间距 10 米的平行线,中间一条为中线,其他两条为限制线。

三、游戏方法

(1)把游戏者分成人数相等的两队,面对面站在中线两边,一队起名叫"长江",另一队叫"黄河",各队记住自己的队名;

(2)当组织者发出"黄河"口令时,"黄河"队队员马上转身往本方限制线方向跑,"长江"队立刻追击,如在限制线内追上一人得 1 分;

(3)做若干次后,游戏结束,以累积分多的队为胜方(见图 4-25-1)。

四、游戏规则

(1)追赶时不得追出限制线;

（2）不得用力推拉对方。

五、教学建议

（1）做此游戏必须做好准备活动，要求注意力集中，游戏者之间要间隔两臂，两人面对，相距两步，或在场地中间画两条相距两步的线，为两队的间距；

（2）站立的预备姿势可改为背对背站立、蹲立、坐等形式，或两队面对面从限制线齐步走向中线，当两队相距 2 米左右时，组织者发出口令；

（3）为提高游戏者兴趣，每位游戏者背后系一根绳子做尾巴，改拍触为抓尾巴。

黄河

图 4—25—1

第二十六节　两人蹲跳

一、游戏目的 ⟵⟵⟵⟵⟵⟵

发展下肢力量，提高身体协调能力。

二、游戏准备 ⟵⟵⟵⟵⟵⟵

在平坦空地上画两条相距8～10米的平行线，一条为起点线，一条为终点线，在终点线上等距插四面小旗。

三、游戏方法 ⟵⟵⟵⟵⟵⟵

（1）把游戏者分成人数相等的四队，呈纵队站在起点线后，各队每两人为一组，各队第一组游戏者，背对背相互挽臂一前一后蹲在起点线后，做好准备；

（2）组织者发令后，第一组游戏者迅速向终点蹲着蹦跳，跳过终点绕过小旗，两人交换先后返回，第一组跳回起点线后，第二组游戏者起动，按同样方法进行游戏，以此类推，先做完的队算作胜方（见图4-26-1）。

四、游戏规则 ⟵⟵⟵⟵⟵⟵

（1）每组在蹲跳过程中，挽臂不能分开，如分开必须原地挽好后再跳；

（2）第一组游戏者返回，跳过起点线后，第二组游戏者才能起动，否则判为失败。

🌀 五、教学建议 ❤❤❤❤❤❤

可采用横跳、面对面跳等形式进行。

图4—26—1

第二十七节 绕身传递

🌀 一、游戏目的 ❤❤❤❤❤❤

熟悉球性，提高控球能力。

🌀 二、游戏准备 ❤❤❤❤❤❤

篮球两个。

三、游戏方法

（1）分成人数相等的两组，排成两臂间隔的一列横队，各组排头持一个篮球；

（2）游戏开始，持球者按左、后、右、前的方向使球绕自己身体一周，然后把球递给本组下一人，下一人按同样方法进行，球传到排尾，再按右、后、左、前的方向绕身传递，直至球再传到排头，以先完成的组为胜方（见图 4-27-1）。

四、游戏规则

（1）环绕身体时，不得使球触及身体任何部位，否则加绕一圈；

（2）绕球方向必须一致，错者重做。

五、教学建议

（1）根据需要可采用其他绕球方法，如胯下或高抬腿传、绕"8"字等；

（2）本游戏可改为一人绕球，另一人伺机破坏，如球击、手拍等，规定时间内被破坏次数少者为胜方。

图 4-27-1

第二十八节 运球往返接力

一、游戏目的

提高运球技术。

二、游戏准备

在场地上画一条起点线,在起点线前 5 米处画两条相距 3 米的平行线,作为限制区,在限制区前 15 米处间隔适当距离立两个折返标志。篮球两个。

三、游戏方法

（1）将游戏者分成人数相等的两组,各组纵队面对自己的折返标志站在起点线后,排头各持一个篮球;

（2）游戏开始，听口令各组排头运球前进，绕过折返标志运球到限制区内时，将球传给本组第二人，自己站到排尾；

（3）第二人接着做，全组依次进行，最后球传给排头，排头立即将球举起，最先完成的组算作胜方（见图 4-28-1）。

四、游戏规则

（1）运球不得带球跑；

（2）须在限制区内传球，接球者必须在起点线后接球，接球后才能起动，不能跑出去迎球。

五、教学建议

运球接力方法较多，如迎面运球接力、"8"字运球接力、"s"形运球接力、运球绕圈接力、运球过障碍接力、变向运球接力、规定位置规定动作运球接力，以及与身体素质练习相结合的综合接力等。

图 4—28—1

第二十九节 活动篮筐

一、游戏目的 ✦✦✦✦✦✦

提高投篮准确性和移动中传球能力。

二、游戏准备 ✦✦✦✦✦✦

篮球一个,篮球场地一块。

三、游戏方法

（1）把游戏者分成人数相等两队，每队指定三人手拉手围成圈作为活动的篮筐，在本队半场内任意活动；

（2）游戏从中圈跳球开始，双方像篮球比赛那样进行攻守对抗，获球队通过传球，设法将球推进并投入对方篮筐，每投中1球得1分，防守队设法获得球权转入反攻；

（3）游戏反复进行，在规定的比赛时间内，以得分多的队为胜方（见图4-29-1）。

四、游戏规则

（1）做"活动篮筐"的队员，不准松手或缩小圈，只能用移动的方式不让对方投中；

（2）进攻队员只准传球，不准运球或持球跑；

（3）出现违例和犯规时，均由对方发界外球。

五、教学建议

可用多人的形式作为移动篮筐。

图 4—29—1

第三十节 运球绕杆

一、游戏目的

发展灵敏素质，提高运球和控球能力。

二、游戏准备

画一条起点线，从线前 10 米处开始沿纵向每间距 2 米插 6 支标枪，共插两行。足球两个。

三、游戏方法

（1）将游戏者分成两组，各组成纵队面对本组标枪站在起点线后；

（2）游戏开始，各组排头运球前进，沿每支标枪绕一圈，绕过最后一支标枪后直线运球返回，将球交给本组排二，自己站到排尾；

（3）依次轮流进行至全组完成，以最先完成的组为胜方（见图 4-30-1）。

四、游戏规则

（1）运球绕标枪时不得触及和碰倒标枪，否则重做；

（2）交接球时不得踢传，接球者接到球后才能越过起点线，否则应退回重做。

五、教学建议

（1）可改为运球绕标枪"s"形前进；

（2）足球运球接力也有迎面、往返、绕圈等运球接力方式；

（3）为增加游戏难度，可让游戏者双手抱物、腋下夹物等进行游戏；

（4）也可与传球相结合进行游戏。

图 4-30-1

第三十一节 多球足球赛

一、游戏目的

提高反应能力和灵活性。

二、游戏准备

小足球场一块,足球 2~3 个。

三、游戏方法

（1）把游戏者分成人数相等的两队；

（2）游戏开始，两队用 2～3 个球按足球比赛规则进行比赛；

（3）射中对方球门得 1 分，比赛结束以得分多的队为胜方（见图 4-31-1）。

四、游戏规则

按足球竞赛规则进行。

五、教学建议

人数根据游戏者运动水平而定。

图 4-31-1

第三十二节 颠球接力

一、游戏目的

提高速度，培养控球能力。

二、游戏准备

乒乓球、拍各四个。画一条起跑线，在距起跑线前 20 米处，间隔一定距离，画四个直径 1 米的圈，圈内放球、拍各一个。

三、游戏方法

（1）将游戏者分成人数相等的四队，排成一路纵队面对圈站在起跑线后；

（2）组织者发令后，各队第一人快速跑到圈内，拿起乒乓球和球拍，连续颠球十次，然后放下，返回起跑线，击本队第二人手后站到队尾，各队第二人按同样方法进行游戏，以此类推；

（3）每人均做一次后，以最后一人先返回起跑线的队为胜方（见图 4-32-1）。

四、游戏规则

（1）游戏者必须在圈内颠球；

（2）颠球时必须完成规定次数；

（3）球和拍要放在圈内，压线判为犯规。

五、教学建议

（1）本游戏中跑的过程可改为颠球或托球跑，途中也可设置障碍；

（2）也可在折返处做几次移动后返回；

（3）本游戏也可改为在规定区域内托球或颠球相互追拍、顶肩等。

图4-32-1

第三十三节 五子棋

一、游戏目的

发展智力和竞争意识。

二、游戏准备

每两人一副围棋(棋盘和黑白棋子)。

三、游戏方法

两人各执一色棋子,黑先白后,轮番落子在棋盘的交叉点处,一方出现 5 枚棋子处在同一直线上(横、竖、斜方向均可),且中间不隔空或对方棋子,即为胜利(见图 4-33-1)。

四、游戏规则

(1)轮番落子,可以落在任何一处没被占据的交叉点上,落子后就不得移动,直至终盘,不得吃、提子;
(2)5 枚棋子处在同一直线上且中间不闲空、不隔对方棋子即获胜。

五、教学建议 ❤❤❤❤❤❤

（1）五子棋和围棋一样，规则简单，变化多端，魅力无穷，肯动脑，掌握技巧，既要努力使己方五子连线，又要阻止对方成功，这样才有取胜的可能；

（2）棋类游戏相当多，如"憋死牛"、"二顶一"、"二夹一"、"挑担"等等。

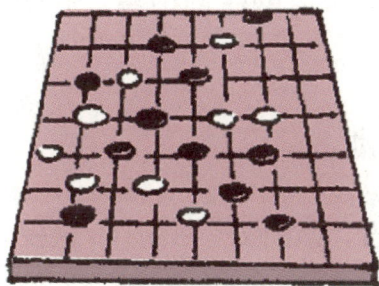

图 4—33—1

第三十四节 打手背

一、游戏目的 ❤❤❤❤❤❤

提高手的灵活性和反应速度。

二、游戏准备

要求游戏者注意力高度集中。

三、游戏方法

（1）两人对坐或站立，甲掌心朝下，放在乙手掌上，乙翻掌击打甲手背；

（2）如乙已翻掌又未打到甲手背，即为失败，双方交换；

（3）如乙触到甲手背的任何位置，则为胜方，可继续游戏（见图4-34-1）。

四、游戏规则

（1）掌心朝上者，无论做任何动作，只要未翻手掌，均可继续做进攻者；

（2）掌心朝下者，可任意选择时机放下或拿开手掌；

（3）击打时不可用力过大。

五、教学建议

可左右手交替进行。

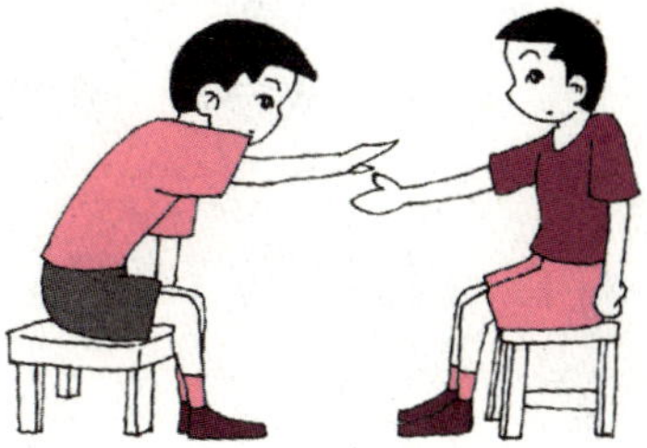

图 4-34-1

第三十五节 放爆竹

一、游戏目的

提高兴奋度和注意力。

二、游戏准备

要求游戏者注意力高度集中。

三、游戏方法

（1）学生以一臂间隔围成一个圈，教师右臂侧举食指伸出，站在中间扮作点炮人；

（2）游戏开始，教师口令发出"刺"的声音，同时沿顺时针方向跑动，表示爆竹已经点燃；

（3）随后突然停止在任意一个学生面前，并用右手指他；

（4）此时被指的人应马上发出"砰"的声音表示爆竹已爆炸。其右侧人发出"啪"的声音，其左侧人发出"哎哟"的声音表示吓了一跳；

（5）凡动作不对和声音发出不及时者算作失败（见图4-35-1）。

四、游戏规则

（1）声音动作应同时进行，如脱节判为失败；

（2）被指人发出"砰"，右侧人发出"啪"，左侧人发出"哎哟"，顺序颠倒判为失败。

五、教学建议

（1）引导人手势应准确果断；

（2）此游戏适合课的开始和结束部分。

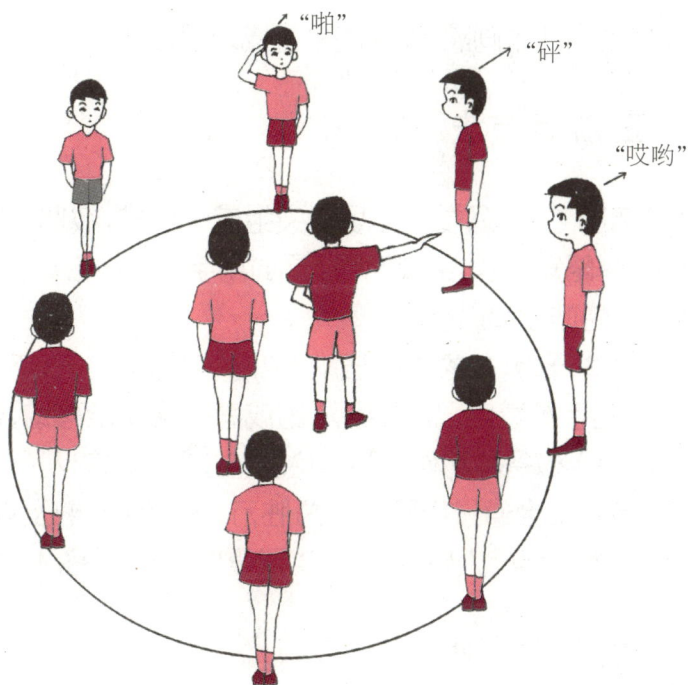

"啪"

"砰"

"哎哟"

图 4—35—1

第三十六节　钻电网

一、游戏目的

发展灵敏性。

二、游戏准备

在场地画两条间隔10米的平行线为起、终点。

三、游戏方法

(1)选出4～5名学生在场中央组成一横排,彼此间隔距离比双手侧平举略短一些,组成电网。同时用手绢做绷带蒙住每个人眼睛,其余学生站在起点线后;

(2)游戏开始,大家想办法从"电网"中间钻过去,不能让组成"电网"者的手触着自己。"电网"组成者的脚不能移动,但允许弯腰、蹲下,用手做各种动作去触击企图钻过"电网"的人;

(3)最后安全通过电网的人为胜方,被"电网"触及者为败方,退出场外,然后另选人做"电网",游戏重新开始(见图4-36-1)。

四、游戏规则

(1)人只能从"电网"中间钻过或爬过,不得从"电网"两端绕过去;

(2)蒙住眼睛,不能偷看,违者触人无效;

(3)用脚触人无效。

五、教学建议

(1)电网人的动作不宜过重;

(2)电网人不能互相拉住手臂。

图 4-36-1

第三十七节 踢毽子

一、游戏目的

发展灵敏协调性和判断能力，培养团结协作的精神和对抗意识。

二、游戏准备

在空地上画若干长 8 米、宽 4 米的长方形场地，每块场地中间设一高 1.5 米的网，两边半场分别分为 1、2、3 区。毽子若干。

三、游戏方法 🌺🌺🌺🌺🌺🌺

　　将游戏者三人一组分为若干组,并分别编为 1、2、3 号队员,比赛时分站在对应的 1、2、3 区,每两组一块场地,每场地设裁判员一人。比赛采用循环赛制或淘汰制,比赛规则参照排球比赛规则进行。比赛开始,听裁判员信号,1 号区队员发踢毽过网,对方三人必须在三次之内将毽子踢回,这样各组队员间密切配合,组织进攻,反复对踢,迫使对方失误。一方失误,则判对方得 1 分,并由对方发踢毽重新开始下一回合的对抗。先达到规定分数的一方为胜方(见图 4-37-1)。

四、游戏规则 🌺🌺🌺🌺🌺🌺

　　(1)对踢时只准用膝部以下部位接触毽子;毽子不得在脚上有明显停留;任何人不准连踢;本方三人可相互传递后踢毽过网,但不准超过三次;每次失误后,双方队员均应按逆时针方向轮换发踢毽。违反以上规则之一的为失误,判对方得 1 分;

　　(2)毽子落在本方场区内为本方失误,判对方得分;毽子落在界外或从网下、网外穿过为踢毽方失误,判对方得分;

　　(3)每回合踢毽后三人位置交换;

　　(4)可以到界外数毽子。

五、教学建议 🌺🌺🌺🌺🌺🌺

　　可以采用不同的比赛方式。

图 4—37—1

第三十八节 十字接力

一、游戏目的

发展速度和灵敏性。

二、游戏准备

在场地上画一个边长 10 米的正方形，再将正方形的对角线画好。标杆四根，分别插在四方形的角顶处。接力棒四根。

三、游戏方法

　　教师可将学生分成人数相等的四队,各呈纵队,分别对准角顶的标杆站在对角线上,各队排头手持接棒做好准备。游戏开始,听到教师发令后,排头绕过标杆,沿逆时针方向绕四边形跑一圈后,将接力棒传交给本队第二人后,站到队尾。第二人按同样方法进行,直到全队跑完,以先跑完的队为胜(见图4-38-1)。

四、游戏规则

　　(1)绕四边形跑时,必须依次绕过标杆的外侧跑;
　　(2)递交接力棒后,要迅速离开跑动路线,不得妨碍他人;
　　(3)超越别人时,必须从外侧绕过,不得挡人;
　　(4)如果掉棒,必须由本队将棒拾起,再继续跑。

五、教学建议

　　此游戏可以进行运球形式的接力赛。

图 4-38-1

第三十九节 传球比赛

一、游戏目的

提高传球能力。

二、游戏准备

在场地上画一条直线为传球线，在线前 3～5 米处间隔 3 米并排画两个直径 1.5 米的圆圈。排球两个，放在圆圈中心。

三、游戏方法 ❯❯❯❯❯❯

　　将游戏者分成人数相等的两队，呈纵队分别面对本队圆圈站在传球线后。游戏开始，组织者发令后，排头快速跑到队前圆圈内拿起球，用上手传球的方法将球传给本队排二，排二用同样方法传回给排头后跑至排尾，其他队员照以上方法依次进行，全队和排头传球一次后，排头把球放回原处，回到本队，拍本队排二的手后，站到排尾，排二则快速跑到圈内拾球同排头一样和本队队员每人传球一次……其他队员也同法依次进行，直到排尾传球完毕后跑回传球线为止，以先完成的队为胜（见图4-39-1）。

四、游戏规则 ❯❯❯❯❯❯

　　(1)传球必须按规定方法和顺序进行；
　　(2)传球不得出圈过线；
　　(3)传失球必须自己拣回，重新开始。

五、教学建议 ❯❯❯❯❯❯

　　人数过多可多分组，也可将传球改为垫球等。

图 4-39-1

第四十节 跑过独木桥

一、游戏目的

发展跑的速度和灵巧性,培养游戏者的勇敢精神。

二、游戏准备

　　画两条相距 10 米的平行线,一条为起跑线,一条为终点线。在起跑线和终点线之间,分别画垂直于起点线的两条宽30 厘米的平行线,象征两座独木桥。

三、游戏方法 ❤❤❤❤❤

　　将游戏者分成人数相等的两队，呈纵队站在起跑线后。各队排头对准"独木桥"站立。听到组织者发令后，排头迅速跑过"独木桥"，到终点后，同法返回，击第二人的手掌。第二人按同样方法进行，依此类推。未掉下"桥"顺利返回的游戏者得1分，掉下"桥"失1分，全部跑完一次后结束，以累积分多的队为胜方（见图4-40-1）。

四、游戏规则 ❤❤❤❤❤

　　（1）发令后或击掌后再跑，但击掌前不能踩线；
　　（2）过"独木桥"时，踩线者即被视为掉下"桥"。

五、教学建议 ❤❤❤❤❤

　　可采用多人同时过"独木桥"的形式进行游戏。

图 4—40—1

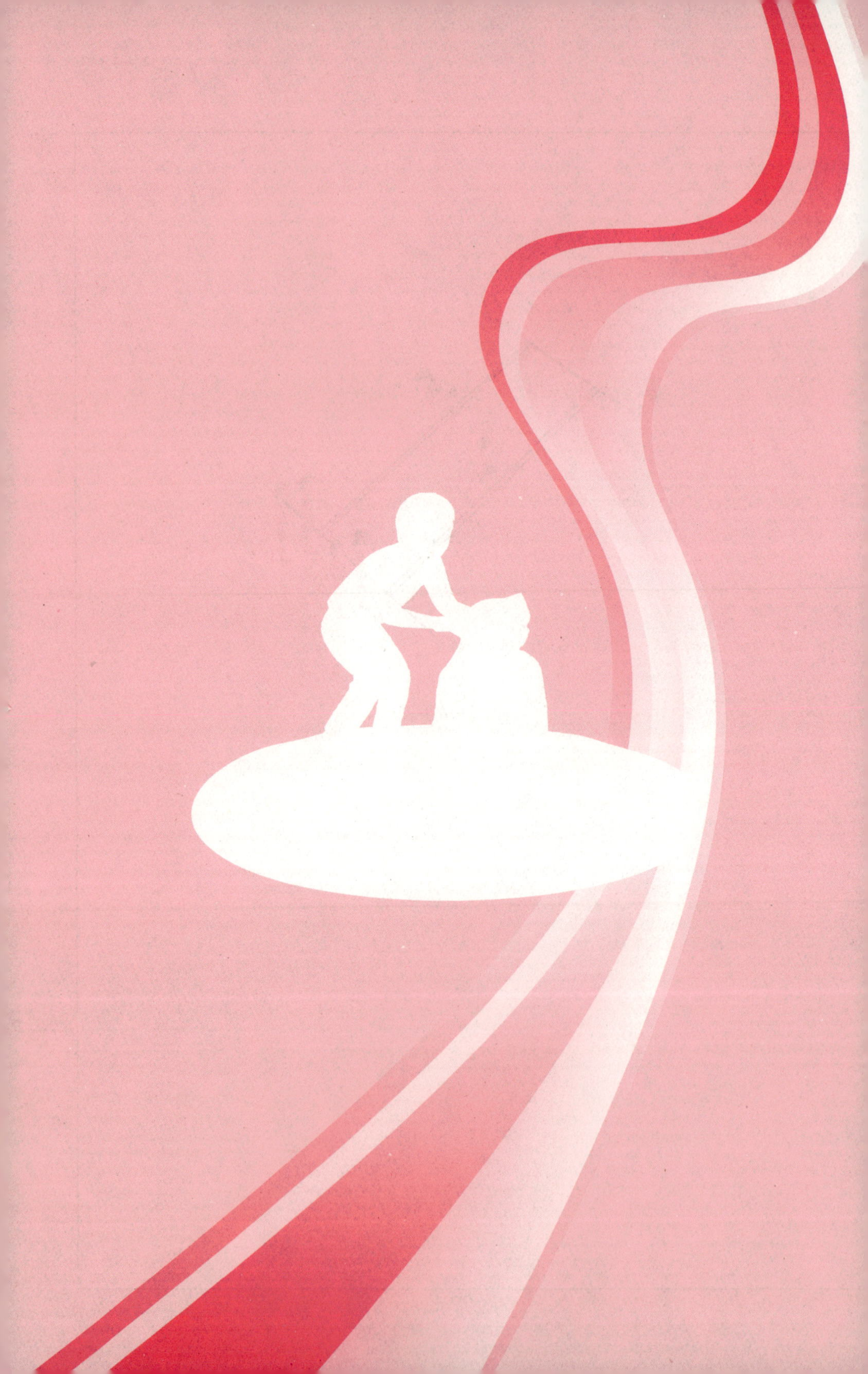

第五章 体育旅游概述

体育旅游在国际上早已有之，只是近几年在我国才发展起来。它是体育、旅游与健身三者的有机结合，有着丰富多彩的内容与形式，既是当今大众体育健身的新时尚，也是提高全民身体素质、生活质量的重要途径。

第一节 起源与发展

体育旅游是体育与旅游的结合,它通过体育资源与旅游资源的互补互利,实现自身的快速发展。

一、起源

体育旅游作为一种经济文化现象,已经经历了数千年的漫长时光,有着深厚的历史文化底蕴。从这个方面说,具有"体育旅游"意义的文化活动可谓源远流长。

应该说,原始社会便有了体育旅游的萌芽,主要表现在:

(1)氏族或部落长期长途迁徙,跋山涉水,那时便出现了探险旅游的萌芽;

(2)人们远离居住地,以便获取更多的狩猎资源;

(3)部落与部落之间的交换活动。

二、发展

(一)国外发展状况

现代体育旅游的发展,实际上与旅游业的出现是基本同步的。1857年,英国成立了登山俱乐部,并向登山爱好者和旅游者提供各种服务。1890年,法国、德国也成立了休闲观光俱乐部,向旅游者提供类似的服务项目。

19世纪,疗养地的利用主要还是医疗保健性的,到19世纪后半期,消遣的概念开始产生。随着欧美等国人们生活水平的提高,闲暇时间的增多,以及新观念和新文化的发展,休闲、度假、疗养、健身、娱乐等活动逐渐成为一种时尚。

20世纪初,以体育健身和各种休闲娱乐为主体的体育旅游业在一些国家初步形成规模。

20世纪中后期,随着旅游业的快速发展,以及体育运动的普及,以体育运动为特色的旅游项目在欧美国家得以迅速发展。

(二)国内发展状况

我国改革开放以后,随着经济水平的提高,体育旅游运动在我国蓬勃发展。

虽然与其他发达国家相比,我国开发的体育旅游项目在规模、效益、档次和吸引力等方面都存在较大差距,但正是由于我国的体育旅游业还未真正起步,因而其开发与发展的前景才相对广阔。加快体育旅游业开发,对优化旅游市场结构,形成特色项目,提高市场竞争力,可起到积极的推动作用。

第二节 特点与价值

体育旅游与其他体育运动项目相比,具有它自身的特点与价值。

一、特点

（一）时间确定性

体育旅游的时间较短，且具有确定性。也就是说，体育旅游不是一般的在时间充裕情况下的旅游活动，而是根据事先规定的时间和日期，到某个事先确定好的地方参与活动。

（二）目的确定性

体育旅游的目的相对确定，行程单一。我们一般所说的旅游虽然也有确定的目的地，但这个目的地却不像体育旅游那么固定、单一，而是具有一定的灵活性和随意性。

（三）风险性

体育旅游是带有运动健身性质的旅游活动，充满风险，并且社会各种因素的变化都会对体育旅游产生影响。

二、价值

（一）娱乐价值

体育旅游以它特有的旅游方式给人们以精神上的享受，是一种很好的娱乐活动。人们在体育旅游过程中可以直接进行情感的抒发和宣泄，使旅游者身心得到健康发展。

（二）健身价值

体育旅游相对传统观光旅游来说，是一种更高层次的旅游，通过亲自参与某项健身、冒险或观战的体育活动，不仅能增强体质、健美强身，还可陶冶情操。

（三）文化价值

体育旅游能丰富体育、旅游文化，并将二者有机地结合起来。它可以作为各国人民之间社会交往的桥梁，不仅有助于增进各国人民之间的相互了解，而且有助于加强国家之间友好关系的建立。

（四）经济价值

体育旅游能为国家创汇，改善投资环境，提供就业机会，促进对外经济合作与交流。研究发现，体育旅游带来的经济效益约占一个国家国内生产总值的 1%～2%。成功举办一次大型体育盛会能够带动一条集交通、住宿、餐饮、购物等为一体的"旅游消费链"，给举办地带来巨大的经济效益。

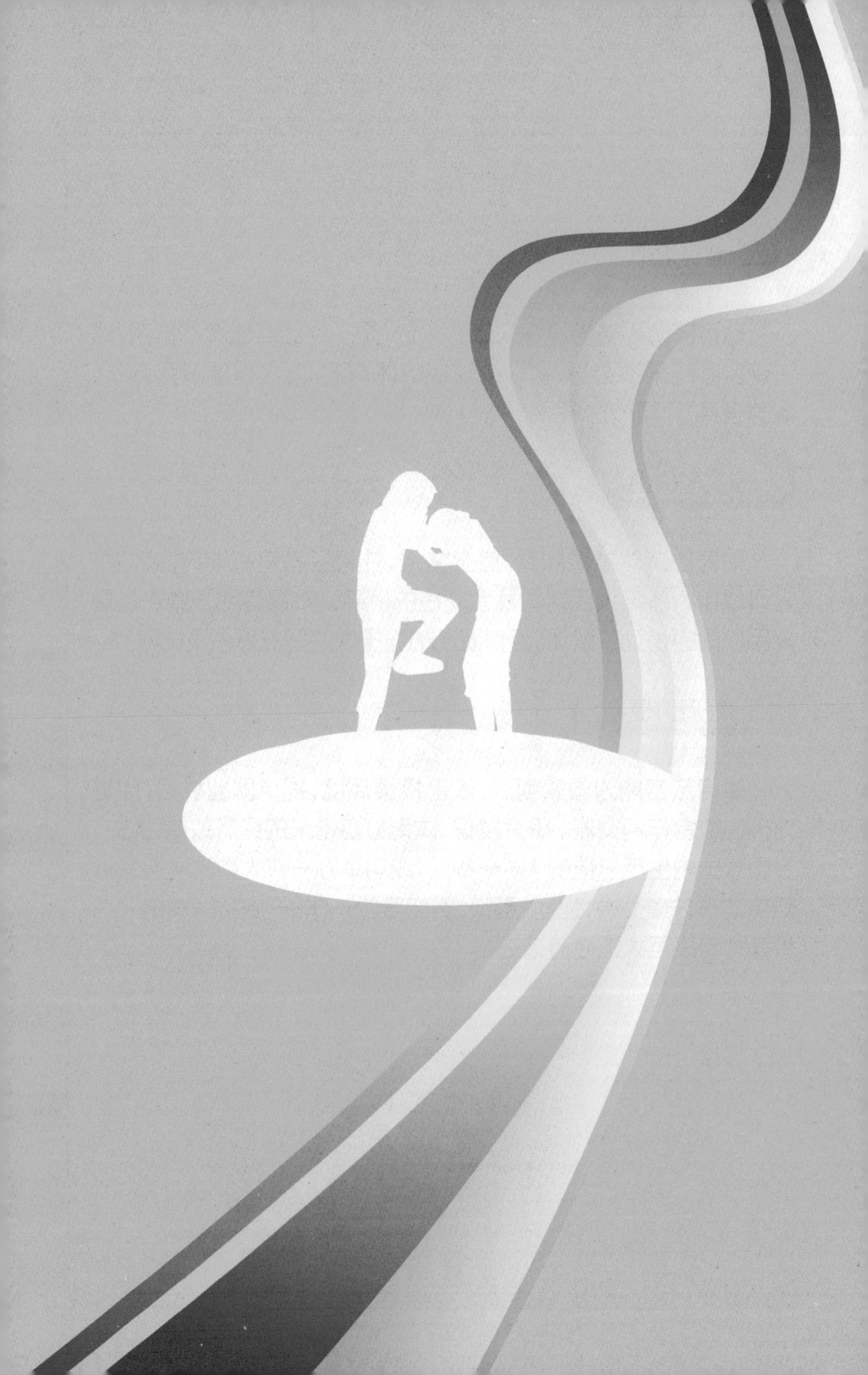

第六章 体育旅游运动保护

在体育旅游过程中，意外事故时有发生，因此学习一些急救方法作为运动保护是很有必要的。

第一节 常见意外伤害与救助

在体育旅游过程中，经常会发生一些意外伤害，旅游者应该对常见的伤害有所了解，以便从容地应对旅游过程中出现的意外事故。

一、溺水

1.症状

溺水属于常见的意外事故，由于大量的水灌入肺内，或冷水刺激引起喉痉挛，造成缺氧或窒息症状。如心跳停止称为"溺死"，心跳未停止则称"近乎溺死"。这一分类对病情的估计和救护具有重要意义，但救治原则基本相同，因此统称为溺水。

2.救助方法

溺水发生时，在岸边的人不宜直接下水，最好的救援方式是抛出带绳索的救生圈给溺水者，或用长竿类的东西把溺水者拉上岸，千万不要徒手下水救人。在意外死亡事故中，溺水死亡率占10%，因此，溺水后必须争分夺秒地进行现场急救，若抢救不及时，4～6分钟内即可导致死亡的发生，切不可急于送医院而失去宝贵的抢救时机。

二、抽筋

1.症状

抽筋是指由于过度运动或姿势不佳而引起的肌肉协调不良，

或因运动受寒,加之体内的盐分大量流失,而致使肌肉突然产生非自主性地收缩。抽筋症状为:患处疼痛,肌肉紧张或有抽搐感,患者无法使收缩的肌肉放松等。

2.救助方法

救助方法为:拉引患处肌肉,轻轻按摩患处肌肉,补充水分及盐分,休息直到患处放松。

三、烫伤

1.症状

野外焚烧柴火或烹饪时常会发生烫伤,烫伤后如果血液循环受到影响,组织缺氧,后果将很严重。一般将烫伤分为三级:

一级烫伤——皮肤发红,有刺痛感;

二级烫伤——皮肤除发红和有刺痛感外,会出现水疱;

三级烫伤——皮肤变灰白,没有知觉,伤及深层的真皮组织。

2.救助方法

如果烫伤处皮肤未破,可用冷水冲洗。冷水冲洗的目的是止痛、减少渗出和肿胀,从而避免或减少水疱形成。冲洗时间约半小时以上,以停止冲洗时不感到疼痛为准,注意第一次冲洗结束后,为防止感染应避免再次接触冷水。若烫伤比较严重,应当立即送往医院救治。

四、中暑

1.症状

在湿热无风的山区开展登山运动,或在烈日、高温的季节旅行时,旅行者的体温调节能力可能下降或失调,由于身体无法靠汗液蒸发来控制体温,体内产生的热能不能适当地向外散发,积聚起来便会产生高热而中暑。中暑症状为:头痛、晕眩、烦躁不安,脉搏强而有力,呼吸有杂音,体温可能上升至 40 度以上,皮肤干燥泛红。如果不及时救治,患者可能很快会失去意识,严重者会危及生命。

2. 救助方法

应将患者移到通风、干燥、阴凉的地方,让其仰卧,解开衣扣,脱去或松开衣服。用凉湿毛巾冷敷头部、腋下以及腹股沟等处,尽快降低体温至 38 度以下。有条件还可服用人丹或藿香正气水。

五、失温、冻伤和雪盲

(一)失温

1. 症状

长期暴露在气候恶劣的低温环境下,特别是精疲力竭、衣物潮湿的情况下,会产生体温下降的生理反应,当体温降到 35 度以下时,人体即已进入失温状态。失温症状为:感觉寒冷,皮肤苍白,四肢冰冷,剧烈而无法控制地颤抖,言语含糊不清,肌肉不受意志控制,反应迟钝,性情改变或失去理性,脉搏减缓,失去意识等。患者一旦进入失温状态,会心跳极慢,呼吸细微,严重者可能在数小时之内死亡。

2. 救助方法

失温的急救原则是防止患者继续丧失体温,并逐步协助患者恢复正常体温。将患者带离恶劣的低温环境,移至温暖的帐篷或山屋内,脱掉潮湿冰冷的衣物,以温暖的衣物、睡袋等裹住患者全身,可给患者热水瓶或施救者以体温传热,以防患者体温再度下降。若患者意识清醒,则可让他喝一些热而甜的饮料。若患者呼吸及心跳停止,应展开心肺复苏术,并尽快送医院。切忌不可给患者喝酒,亦不可擦拭或按摩患者四肢,更不可鼓励患者做运动。

(二)冻伤

1.症状

身体循环系统的末端如手指、脚趾、耳朵、鼻子等,因长时间暴露在冰冷、恶劣的气候环境中或接触冰雪,会使皮肤或皮下组织冻结伤害。冻伤症状为:患处刺痛并逐渐发麻,皮肤感觉僵硬,呈现苍白或有蓝色斑点,患处移动困难或迟钝。

2.救助方法

冻伤可能伴随失温现象,急救时应先处理后者,若只有冻伤现象,应慢慢地温暖患处,以防止深层组织继续遭到破坏。尽快将患者移往温暖的帐篷或山屋中,脱下伤处的衣物、戒指、手表等,可用皮肤对皮肤的传热方式温暖患处,或将患处浸入温水中。冻伤的耳鼻或脸,可用温毛巾覆盖,水温以患者能接受为宜,然后再慢慢升高。如果在1小时内患处恢复血色及感觉,即可停止加温的急救。此外,应抬高患处以减轻肿痛,用纱布、三角巾和软质衣物等包裹或轻盖患处。除非必要,尽可能不要弄破水疱或涂抹药物,尽快送医院。

(三)雪盲

1.症状

双眼暴露在雪地中,没有墨镜保护的眼角膜很容易受伤,因为无论是否有阳光照射,雪地的反光都非常强烈,若是天空晴朗时在雪地中活动,数小时之内即可造成严重的雪盲。雪盲症状为:眼睛疼痛,感觉像充满风沙,眼圈发红,经常流眼泪,对光线十分敏感,甚至很难张开眼睛。

2.救助方法

若出现雪盲,可用冷开水或眼药水清洗眼睛,用眼罩或类似物(干净手帕、纱布等)轻轻敷住眼睛,尽量休息,避免使用眼睛,若有必要,可送医院处理。雪盲症状通常需要5至7天才会消除。

六、刺伤 ✿✿✿✿✿✿

1.症状

长而尖的东西刺入人体会造成刺伤,伤口小而深,有时甚至会伤及深处的神经、血管及重要器官。

2.救助方法

腹部被刺伤后,刺入物不可立即拔出,应用敷料压迫伤口两侧,用胶布固定或用绷带做压迫包扎后,以屈膝侧卧的姿势立即送医院处理。

七、扭伤 ✿✿✿✿✿✿

1.症状

当人体受外力打击时,关节因过度外展、内收、屈曲、后伸、内翻或外翻等,会使肌肉、肌腱、韧带扭伤。急性损伤未及时治疗或治疗不当都可转变为慢性劳损,长期奔走、站立亦能形成劳损。扭伤最常见于踝关节、手腕及下腰部。疼痛、肿胀及皮肤青紫,关节不能转动,都是扭伤的常见症状。

2.救助方法

急性扭伤应及时休息,并立即冷敷,加压包扎伤处,内服和外敷药物治疗,症状严重时可予以局部固定。症状缓解后,进行推拿按摩、针灸、理疗、热敷或中药熏洗。如韧带断裂,保守治疗无效时应及时手术治疗;有明显压痛可做局部封闭,每周 1 次,连续 3～4 次;膝关节扭伤时除了韧带损伤外,常可合并半月板损伤;下肢关

八、食物中毒

节扭伤可并发骨折、关节滑囊炎,以及关节脱位等。

1.症状

食物中毒是因摄入污染有病原性微生物、有毒化学物质或含有其他毒素的食物,使机体损害而发生中毒症状。最常见的症状有呕吐、腹泻、腹痛等。在野外就餐有可能因为吃生冷食物或已经变质的食物,或误吃毒菌等其他野生食物造成食物中毒。

2.救助方法

如食物吃下去的时间在 1～2 小时内,可采取催吐的方法。立即取食盐 20 克,加开水 200 毫升,冷却后一次喝下,如不呕吐,可多喝几次,促进呕吐;也可用鲜生姜 100 克,捣碎取汁,用 200 毫升温水冲服。如果吃下去的是变质的荤食,则可服用十滴水来促进迅速呕吐;还可以用筷子、手指或鹅毛等物品来刺激咽喉,引发呕吐。

九、毒虫咬伤

(一)毒蛇咬伤

1.症状

毒蛇与无毒蛇咬伤的根本区别是：毒蛇的牙痕为单排，无毒蛇的牙痕为双排。毒蛇咬伤会出现头痛、头晕、嗜睡、流涎、恶心呕吐、吞咽困难、声嘶、语言不清、听力视力障碍、大小便失禁及发热、打寒战，严重者可有肢体瘫痪、呼吸肌麻痹、抽搐、昏迷等症状。

2.救助方法

被蛇咬伤后，如果一时识别不出是否为毒蛇咬伤，先按毒蛇咬伤急救。应就地处理，切忌跑动。在伤口上方扎紧止血带，切开伤口，挤出毒液，再用火烧烙蛇咬伤部位，并口服蛇药片，用蛇药外敷伤口周围。经上述紧急处理后，迅速将患者送往医院做进一步治疗。

（二）蜂类蜇伤

1.症状

蜂的种类很多，包括蜜蜂、黄蜂、大黄蜂、土蜂、狮蜂等。蜂类的腹部末端有与毒腺相连的整刺，各种蜂的毒力不一，蜜蜂毒力较弱（群蜂蜇伤亦可致人于死亡），而黄蜂毒力较强，被其蜇伤可以导致溶血、出血和中枢神经损害等。对蜂毒具特异体质的人，轻微刺伤即可发生过敏性休克，甚至死亡。

2.救助方法

用消毒的镊子或针挑出蜂刺，拔刺时镊尖应尽量靠近皮肤，不要挤压毒囊，以免剩余毒素进入皮肤，然后清洗伤口，在伤口上涂氨水，可进行冰敷，以减轻痛苦，并使毒液吸收较慢。之后尽快送往医院做进一步治疗。

（三）蜈蚣咬伤

1.症状

蜈蚣属于多足类动物，第一对脚呈钩状，锐利，钩端有毒腺口，能排出毒汁，咬人后毒液经此进入被咬者皮下。蜈蚣咬人后局部表现为疼痛、瘙痒。全身表现为头痛、发热、恶心呕吐、抽搐及昏迷等。蜈蚣越大，症状越重。

2. 救助方法

发现被蜈蚣咬伤后，应立即用弱碱性液体，如肥皂水、淡氨水清洗伤口，如在野外可用鲜蒲公英或鱼腥草嚼碎捣烂后外敷在伤口上。也可将蛇药片用水调成糊状，敷于伤口周围。对于症状严重者，可内服蛇药片，并立即送往医院治疗。

十、出血

1. 症状

创伤几乎都会引起出血，人体中的血液一次失去超过 15% 会出现休克现象，超过 30% 就会有生命危险，若出血量达 50% 仍未予以急救，将会导致死亡。因此，对于常见的外伤出血，当视其情况迅速处理，以保证患者的生命安全。

2. 救助方法

在体育旅游时，人体受各种意外伤害的几率会增多，全身各部位受损伤出血的可能性增大。小伤口出血经处理可自行愈合，严重出血时常危及生命，故须及时救助。对外出血的救助一般包括：

（1）毛细血管出血量较少，以消毒纱布或洁净衣物覆盖伤口，并按压即可；

（2）静脉出血量多，且呈断续性，血液颜色较暗，以消毒纱布或洁净衣物覆盖伤口，并按压 5～10 分钟，若持续出血，则以 2～3 块消毒纱布垫压于伤口上，外部再缠绕绷带固定，并抬高患肢；

（3）动脉出血呈喷射状，血色鲜红，由于动脉脉压较高，故止血较难，须紧急按压距出血点最近的主动脉，方可达到止血目的。

第二节 一般急救常识

体育旅游中经常出现一些意外伤害，因而学习一些急救常识是很有必要的，一旦发生意外，如果了解救护的基本常识，不但可以减少损伤，还能最大限度地保证出行的顺利。

一、急救要求

当事故发生时，应沉着大胆，细心负责，分清轻重缓急，果断实施急救。先处理危重患者，再处理病情较轻的患者，同一患者先救治生命，再处理局部。注意观察现场环境，确保自己及患者的安全，充分运用现场可供支配的人力、物力来协助急救。

（一）处理前观察

首先，处理前要细心观察。确定救援者及患者均无进一步的危险，并尽可能在不移动患者的情形下施以急救。先要镇定自己，迅速检查伤患，并决定急救的优先顺序。判断伤病原因，疼痛部位、程度，尤其要注意脸、嘴唇、皮肤的颜色，确认有无外伤、是否出血、意识状况和呼吸情形，仔细观察骨折、创伤、呕吐的情况。

其次，选择正确的处理方法。对呼吸停止、昏迷、大量出血、服毒的情况，不管有无意识，发现者均应迅速做紧急处理，否则将危及患者生命。在观察症状的变化中，遇症状恶化时须按急救法施以应急处理。如有大量出血应立刻止血；若呼吸停止应施行人工呼吸；若发生心跳停止的情形，应立即展开心肺复苏术。现场要尽量组织好对患者的脱险救援工作，救护人员既要有分工，又要有合作。

（二）观察后处理

活动中发生的外伤或突发病况有很多种，所以应施以各种适当的急救措施。头及胸部受伤，若为横伤，可采取仰卧屈膝的姿势；若为直伤，则应采取仰卧平躺的姿势。对意识不清，但呼吸正常者，可采取复苏姿势。休克患者，应令其平躺，并垫高下肢 20～30 厘米。

对于意识不清，疑有内伤，头部、腹部严重受损等，需要全身麻醉的患者，不可给予食物或饮料，须在最短的时间内，以最安全的方法送医院处理。护送途中应严密观察患者的变化，随时安慰、鼓励患者，以减轻其恐惧及焦虑感。若下山的路途较远或不方便移动患者，可派人先行下山求援，或以无线对讲机求援。求援时应详细说明救援的地点（最好有明显的目标）、患者的状况和已做的急救处理，使救援工作能发挥积极作用。其次，应尽快将患者移到避风处，以防止伤害加重。若患者意识昏迷，须注意确保呼吸道畅通，以防呕吐物引起窒息死亡。为确保呼吸道畅通须让患者平躺，头部损伤者也要水平躺下，若脸色发青须抬高脚部，而脸色发红者须略抬高头部，有呕吐感者须让其侧卧或俯卧为宜。

（三）善后工作

在紧急处理完毕并将患者交给医师之前，须对患者进行保暖，以避免消耗体力，使症状恶化。接着联络医师、救护车、患者家属。原则上搬运患者须在充分处理后安静地运送。搬运方法视患者情况和周围状况而定，并随时注意患者病况。

二、急救常识 ❤❤❤❤❤❤

在急救过程中，一定要注意方法得当，以达到快速、无误的救护目的。

(一)急救体位

患者的急救体位应为仰卧在坚硬平面上。如果患者是俯卧或侧卧，在可能情况下应将其翻转为仰卧，放在坚硬的平面上，如木板床、地板或背部垫上木板等，这样能使心脏按压行之有效。不可让患者仰卧在柔软物体上，如沙发或弹簧床上，以免直接影响胸外心脏按压的效果。注意保护患者头颈部(见图6-2-1)。

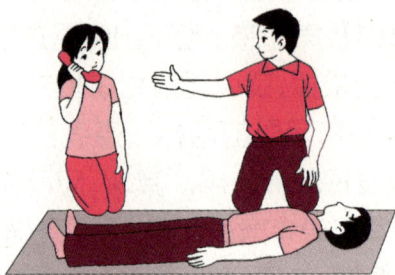

图6-2-1

(二)翻身方法

抢救者先跪在患者一侧的肩颈部，将其两上肢向头部方向伸直，然后将离抢救者远端的小腿放在近端的小腿上，两腿交叉，再用一只手托住患者的头颈部，另一只手托住患者远端的腋下，使头、颈、肩、躯干呈一整体，同时翻转呈仰卧位，最后，将其两臂还原放回身体两侧(见图6-2-2)。

图 6—2—2

（三）打开气道

解开患者衣领扣、领带、围巾等，同时迅速将患者口鼻内的污泥、土块、痰、呕吐物等清除，以利于呼吸道畅通。呼吸道是气体进出肺的必经之路，由于意识丧失，患者舌肌松弛、舌根后坠、头部前倾易造成咽喉部气道阻塞。仰头举颏法可使下颌骨上举，咽喉壁后移而加宽气道，使气道打开，呼吸得以畅通。抢救者将一只手置于患者前额并下压，使其头部后仰，另一只手的食指和中指放于靠近下颌骨的下方，将下颌向前抬起，帮助头部后仰。头部后仰程度以下颌骨同耳垂间的连线与地面垂直为宜，婴儿头部轻轻后仰即可。注意清除口腔内异物不可占用过多时间，整个开放气道过程要在 3～5 秒钟内完成，而且在心肺复苏全过程中，自始至终要保持气道畅通。

患者气道畅通后，抢救者利用看、听、感觉之法（3～5 秒钟），检查患者有无自主呼吸。抢救者可侧头用耳贴近患者的口鼻，一看患者胸部（或上腹部）有无起伏，二听患者口鼻有无呼吸的气流声，三感觉有无气流吹拂面颊感（见图 6—2—3）。

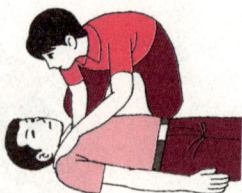

图 6-2-3

（四）人工呼吸

若患者无自主呼吸，抢救者应立即对患者实施人工呼吸。抢救者站在患者头部的一侧，深吸一口气，对着患者的口（两嘴要对紧不要漏气）将气吹入，形成患者的吸气。为使空气不从鼻孔漏出，此时可用一只手将其鼻孔捏住，然后抢救者的嘴离开，将捏住的鼻孔放开，并用手压其胸部，以帮助患者呼气。这样反复进行，每次吹气时间约 1～1.5 秒，每分钟进行 12 次左右。

如果患者口腔有严重外伤或牙关紧闭，可对其鼻孔吹气（必须堵住口），即口对鼻吹气。抢救者吹气力量的大小，视患者的具体情况而定。一般以吹进气后，患者的胸廓略隆起为最合适。口对口之间，如果有纱布，则放一块叠两层的纱布，或一块薄手帕，但注意不要因此影响空气出入（见图 6-2-4）。

图 6-2-4

(五)检查脉搏,判断心跳

抢救者采用摸颈动脉或肱动脉,观察是否有搏动5～10秒钟的方法,判断患者有无心脏跳动。检查时应轻柔触摸,不可用力压迫。为判断准确,可先后触摸双侧颈动脉,但禁止两侧同时触摸,以防阻断脑部血液供应。若没有脉搏搏动,可实施胸外心脏按压术,按压速度为每分钟60～80次。按压与吹气之比为15∶2(单人)、4∶1(双人),反复进行。连续做4遍或1分钟后,再检查脉搏、呼吸恢复情况和瞳孔有无变化(见图6-2-5)。

图 6-2-5

(六)紧急止血

对有严重外伤者,还应检查患者有无严重出血的伤口,若有,应当采取紧急止血措施,避免因大出血引起休克而致死亡。针对小伤口出血,应用生理盐水冲洗、消毒患部,然后覆盖多层消毒纱布,用绷带包扎。注意如果患部有较多毛发,在处理时应剪、剃去毛发(见图6-2-6)。

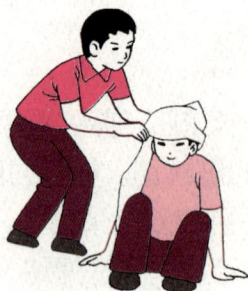

图 6-2-6

（七）保护脊柱

　　因意外伤害、突发事件造成严重外伤者，现场救治中，要注意保护其脊柱，并在医师监护下搬动转运。避免脊髓受伤或受伤脊柱进一步加重，造成截瘫甚至死亡。

第七章 体育旅游装备

体育旅游对装备有一定的要求，但由于个人对"舒适"的主观愿望，以及所能达到的客观条件不尽相同，体育旅游的装备也是样式繁多。

第一节 基本装备

体育旅游的装备种类繁多,出行前务必充分准备好基本装备,尽可能地做到所携带的物品既实用又方便。

一、衣物

(一)内衣

内衣要求是棉质的,因其吸水性强,不易干燥,潮湿后可成为导温层,加快热量的散发,被称为"高山杀手"。内衣是基本的保暖层,在恶劣的环境下进行体育旅游,应购买专业的高山内衣(见图7-1-1)。

图 7-1-1

(二)保暖层

羽绒制品是最佳的保暖层,但缺点是吸潮且不容易干燥,故适合在潮湿环境中使用。羽绒制品含绒比例越高越好,最好带羽绒帽子(见图 7-1-2)。

图 7-1-2

（三）冲锋衣裤

冲锋衣裤应具有非隔离性，防风、防雨、透气。良好的防风性能和防雨性能通常是一致的，衣裤表层还必须涂上防水剂，能使雨水形成水珠滚落。冲锋衣应够大，最好超过臀部。冲锋裤应以耐磨防水为首选（注意压胶），并带完整的侧拉链，方便穿脱（见图7-1-3）。

图 7-1-3

（四）登山鞋

好的登山鞋应该有耐磨、防滑、坚硬的鞋底，高帮鞋可对踝关节提供足够的保护，同时较高的鞋帮也能较有效地阻止雨雪、沙土等异物灌入鞋内。鞋跟和鞋尖要有加强设计（够硬），以利于在复杂地形行走，鞋面接缝越少越利于防水（见图7-1-4）。

图 7-1-4

(五)帽子

夏季戴帽子主要是防晒,冬季戴帽子主要是保暖。冬季的帽子应有护耳,最好能拉至颈部,只露出口鼻。理想的帽子应有短小活动的帽槽,或有颈带以防大风(见图 7-1-5)。

图 7-1-5

(六)袜子

脚是最易被冻伤的部位,袜子不仅可以避免脚和鞋的摩擦,并且能保暖。如果进行大强度或在极端恶劣气候下的活动,一定要穿专业登山袜。袜子应有足够的备份,以便湿后立即更换(见图 7-1-6)。

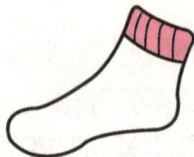

图 7-1-6

（七）手套

当手的安全性和舒适性受到威胁时，就需要戴上手套。常见的手套有单层、毛料、抓绒、防水防寒（滑雪手套）和羽绒质地等。冬季进行体育旅游应至少准备一副干活用的薄手套和一副足够保暖的厚手套（见图 7-1-7）。

图 7-1-7

（八）雪套

在雪地里活动时，雪套是必备的装备。雪套的作用是隔绝冰雪，防止冰雪从裤脚灌进大腿或鞋内，并能有效地保温（见图 7-1-8）。

图 7-1-8

二、背包

准备两个背包，一个较小（冲锋包），适用于一天往返的活动；

一个较大（背包），适用于多日的活动或登山远征。选购时要注意结构牢固，背负系统完备，必须有足够的外挂性能。多日活动由于需要露营装备，背包的容量应足够大（体型特殊除外）。冬季活动或登山远征时必须用更大容量的背包。背包要配以足够大的防雨罩，恶劣气候下能派上大用场（见图7-1-9）。

图 7-1-9

三、帐篷、睡袋和防潮垫

（一）帐篷

帐篷属于集体装备，选购帐篷主要根据用途考虑其设计、材料、抗风性，然后考虑容量（能睡几个人）、重量等。普通野营帐篷多采用蒙古包式，有2～3根碳素纤维帐杆，有较好的防雨性能及一定的防风性能，透气性也较好。四季帐或高山帐多为隧道式，配备3根以上铝合金帐杆，有众多的地钉、防风绳等辅助设计，选材坚固耐用。但很多高山帐篷并不防雨，而且通常也很重，不适合于短途的体育旅游（见图7-1-10）。

图 7-1-10

（二）睡袋

睡袋应轻而保暖，且易于压缩，方便背负。睡袋主要的填充材料有羽绒和合成纤维，羽绒保温性能好，但易受潮而丧失性能，且价格昂贵；丝棉睡袋质轻、保暖性好，是最理想的三季睡袋。无论哪个季节，睡袋都是保证露营安全舒适的最基本装备之一（见图7-1-11）。

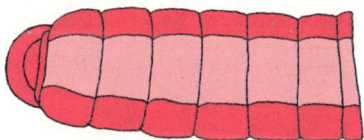

图 7-1-11

（三）防潮垫

防潮垫的作用并不是为了防潮，而是隔绝地面的低温。羽绒睡袋应配合此类垫子使用才能保温。自充气的垫子一般只提供舒适度，并不具有良好的保温性能（见图7-1-12）。

图 7-1-12

四、其他必要装备 ❀❀❀❀❀

(一)炉具及餐具

炉具要求安全可靠、热效率高、燃料低廉且容易获得。质量可靠的气炉为首选装备。在恶劣环境下,可配有专业高山气罐以获得可靠的热效率。餐具的使用完全视个人喜好,但应该重量较轻。冬季应慎用不锈钢制品以免冻伤。此外,还需要防风气体打火机、灯笼和蜡烛数支,用于照明、取暖、点火和野外生火煮食等(见图7-1-13)。

图 7-1-13

(二)照明装备

为方便使用,应购买头灯。头灯的主要用途是为营地活动提供照明。冷光灯能长时间使用(100 小时以上),缺点是亮度一般,价格略贵,但仍值得推荐。此外,还需要手电筒、哨子各 1 个,以备遇险时发信号联络用(见图 7-1-14)。

图 7-1-14

(三)水壶

冬季需要保温性能好的不锈钢真空壶,容积要足够大(1 升以上),因为烧水的机会相对较少(见图 7-1-15)。

图 7-1-15

(四)刀具

应携带多用途小刀 1 把,以备切、割、削和维修之用(见图 7-1-16)。

图 7-1-16

五、高级装备

（一）通讯设备

应配备手机、对讲机，至少要能保证通讯联络（见图 7-1-17）。

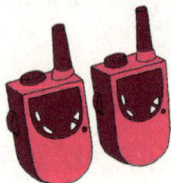

图 7-1-17

（二）GPS 定位设备

使用 GPS 定位设备需要有丰富的知识，并且对地形、地理有深刻的了解，有地图或者前人的数据更好（见图 7-1-18）。

图 7-1-18

第二节　救护用品

在体育旅游过程中，经常会发生一些意外事故，所以救护用品是必不可少的。

一、常用药品

(一)抗生素类药物

如头孢氨苄胶囊、麦迪霉素、青霉素、复方新诺明等。

(二)抗病毒药物

如抗病毒冲剂、板蓝根、感冒咳嗽药等。

(三)解热、镇痛类药物

如复方阿司匹林、扑热息痛、去痛片等。

(四)消化系统常用药

如胃舒平、氟哌酸胶囊、黄连素片、食母生、三九胃泰等。

(五)呼吸系统常用药

如速效伤风胶囊、银翘解毒丸、咳必清、复方甘草片、牛黄上清丸、西瓜霜含片等。

(六)外伤常用药

如云南白药、正红花油、创可贴、伤湿止痛膏等。

二、高锰酸钾

高锰酸钾既可作消毒用,又可作引火燃料用(见图 7-2-1)。

图 7-2-1

三、药棉

药棉可作擦洗和包扎伤口用,也可作为引火物(见图 7-2-2)。

图 7-2-2

四、弹性绷带

弹性绷带既可以包扎伤口，又可以作为关节保护用具（见图7-2-3）。

图 7-2-3

第八章 体育旅游种类

体育旅游的形式多样，内容丰富，按照体育旅游自然资源的不同，可将其分为草原体育旅游、沙漠体育旅游、森林体育旅游、瀑布体育旅游、海滩体育旅游和雪地体育旅游等。

第一节 草原体育旅游

草原体育旅游指利用草原旅游资源开展的骑马、滑草、摔跤等项目的活动。

一、骑马

首先,骑马的准备工作一定要做好。不要穿太长的衣服,否则飘起来可能会使马受到惊吓。不要携带有可能掉落的物品,如果从马背上掉下,会使马突然朝反方向闪避将人摔下。有条件的话可以向旅游点借马靴或绑腿,这样不仅能防止磨腿,一旦落马也可以避免将整只脚套入马镫。

其次,上马时要听从马主人的指导。马见到生人都会紧张,不要在马匹附近打闹,动作也要放缓。马的眼睛可以看到 270 度的范围,即使驯好的马也容易受惊,所以上马时一定要从马的前方绕过,并且尽量站在马的左边。

在骑马的过程中,马镫要踩实,防止脱镫,但只能用前脚掌踩,脚跟向下坠挂住马镫,这样即使摔下也不会被马镫拖住。不能在马背上互相递物品,更不要打闹。马小跑时是最颠的,要踩实马镫并把臀部略抬起,身体随着马起伏的节奏上下运动,这样就不会把臀部磨破。一旦马跑起来,可以踩住马镫站起,使臀部和马鞍完全脱离开,但一定要抓紧铁环,防止马突然停下或变向。

下马时,最安全的办法是由马主人把马牵住后再下。如果要下马,一定要先调整好马镫的位置,脚后跟向下坠,然后一只手抓紧鞍前的铁环，另一只手把缰绳带向左边，尽量让马头向左歪，这样即使马受惊也只能围着左边跑小圈，不会将人拖走或踢伤（见图8-1-1）。

图 8-1-1

二、滑草

　　滑草是一项使用履带用具在倾斜的草地进行滑行的运动，其源于德国，后又推广到欧洲各国，颇受人们喜爱，从而形成了世界规模的大型运动。它所具有的娱乐休闲性，使许多追求速度和生活乐趣的人乐此不疲。

　　滑草的乐趣并非一味直滑，应配合滑行技巧在各种不同的斜坡及滑草场上滑行。刚开始学习，可以选择比较缓和且略有变化的坡度地形，随着技术水平的提高，再逐渐找难度较高的坡度进行练习。练习时要注意控制速度、动作姿势、脚的柔软度等，最好事先了解要滑行的地形情况。

　　滑草场地以长 120～300 米、宽 30～80 米为佳，草地坡度约分为 8 度斜角延伸 20 米长，6 度斜角延伸 20 米长，4 度斜角延伸 30 米长，2 度斜角延伸 30 米长，加平地及向上缓冲延伸 20 米长。滑草车（滑橇）专用场地长度最好为 80 米左右，山坡斜角 10 度向下延伸 60 米长，加一段 20 米长平地，及向上缓冲 8 米为佳（见图 8-1-2）。

图 8-1-2

三、摔跤

摔跤是蒙古族人民最喜爱的传统体育运动形式，也是体育旅游者到草原旅游常常会参与的运动之一。摔跤规则如下：

（1）不准抱腿，只能用腿绊；

（2）不准从背后下手，比如绕到对方身后抱对方的腰；

（3）不准搞突然袭击，比如对方要擦汗，必须放开手等对方擦完；

（4）不搞体力战，对方累了要放开，应让对方歇口气，饿了可以先吃饭，然后再比；

（5）不得用阴谋诡计，比如故意露破绽、骗人等；

（6）除脚以外谁先碰地谁输；

（7）不能利用任何不正当手段获胜，比如拿头发扎人，假装绊腿其实是前胫踢或小鞭腿等（见图 8-1-3）。

图 8-1-3

第二节 沙漠体育旅游

沙漠体育旅游指利用沙漠旅游资源开展的滑沙、沙漠探险等项目的活动。

一、滑沙

滑沙，即乘坐滑板从高高的沙山顶自然下滑，滑板用竹木、塑料等材料制成，坐在滑沙板上，两手撑开，两脚蹬住前沿，身体略向前倾。滑道坡度一般为 45 度，滑沙板以每秒 20 米的速度下滑，下滑时随着沙山的坡度加大和惯性的增大，下滑速度越来越快，转眼间就可以冲到山下，在有惊无险的瞬间体验刺激与快感。

目前，中国已有几个大型天然滑沙场，许多游客慕名而往。在某些滑沙场，还专门为游客建造了索道缆车，以便他们能直达沙山顶。滑沙运动不仅需要勇气，还要掌握重心和基本技巧。坐在滑沙板上,两腿呈弯曲姿势,顺着陡立坡势飞速向下,一鼓作气投入到金色沙海中,这就是滑沙运动。这时,黄沙漫天飞舞,轻轻拍打身躯,沙坡下还会发出万鼓齐鸣的隆隆声,像是天空中轰鸣的响雷,令人胆战心惊之外颇感刺激,无论是眼睛、耳朵,还是肢体和脑子皆在这一瞬间得到了极度的满足和欢愉(见图 8-2-1)。

图 8-2-1

二、沙漠探险

沙漠探险将面临三道险关:高温、沙漠行走和水量有限。进行沙漠探险一定要预先做好准备,查阅资料,了解当地有关背景知识。制订好详细方案,联系固定的户外探险伙伴,不要单人徒步探险。探险者必须具备相当的体能和毅力,平时体弱多病者最好不要参加,以免出现意外。与当地公安、旅游等有关部门打好招呼,探险时最好使用现代的交通工具。

沙漠探险旅游应注意以下事项:

(1)预先准备好地图,精确度要好,携带指南针或卫星定位仪,使导航、记录航线有保证;

(2)备足饮用水和干粮,沙漠温差大,冬季、夏季服装均应具备,沙漠的阳光会灼伤皮肤,需戴遮阳帽,并在帽子后面压一块白

手帕以阻挡强烈的阳光,准备太阳镜防风沙,也可用摩托镜或滑雪镜代替;

(3)一定要穿上厚底鞋,夏季沙漠温度白天会达到摄氏50多度,穿厚底鞋可防止皮肤被烫起疱和化脓感染;

(4)为避免遇到沙暴,一般不要选择在春季和夏季进行这项运动,沙漠的气候瞬息万变,特别是遇到沙暴,容易迷路并危及生命;

(5)沙漠最大的危险是高温,高温会造成人体脱水,从进沙漠起,就要不停地喝水,哪怕不觉得口渴,也要小口小口地喝,尽量选择沙丘的阳面顺风行走,气温高时可选择沙漠的背阴处歇息,要随身备足饮用水,并与骆驼建立良好的关系;

(6)要做好防护,衣服之间最好不要有空隙,衣裤之间要连紧,不要随便招惹野生动物,一些小动物也不要打来食用,这些动物身上往往携带很多病菌(见图8-2-2)。

图 8-2-2

第三节 森林体育旅游

森林体育旅游指利用森林旅游资源开展的森林探险等项目的活动。

在森林探险过程中应注意以下几点：

（1）注意不要单独进入大的原始森林，以免迷路、绝粮、寒冷或遭遇野兽袭击；

（2）注意不要摘尝野果，有些植物的花朵或果实鲜艳动人，但如果随意采摘食用，很可能导致中毒；

（3）注意不要去比较偏僻的原始森林，如确实需要，应找当地向导带路，以免发生意外；

（4）在森林中穿行，鞋子要防水防滑，戴上帽子或头巾，穿长衣长裤，防止被树枝划伤或被毒虫毒蛇咬伤；

（5）注意来去路径，要准备指南针，留意溪流的走向，顺水觅路（见图 8-3-1）。

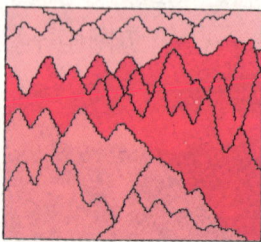

图 8-3-1

第四节 瀑布体育旅游

瀑布体育旅游指利用瀑布旅游资源开展的瀑布游泳、瀑布探险等项目的活动。

一、瀑布旅游

瀑布游泳是指在一些天然或人工建造的瀑布游泳池中进行的

游泳活动。

由于瀑布游泳不同于普通的游泳,具有一定的危险性,所以在瀑布游泳过程应注意以下几点:

(1)饭后、酒后不宜进行瀑布游泳;

(2)有开放性伤口、皮肤病、眼疾等不宜在瀑布中游泳;

(3)有感冒、身体不适,或身体虚弱症状等不能进行瀑布游泳;

(4)雷雨天气不宜进行瀑布游泳;

(5)游泳时禁止与同伴过分嬉戏、打闹;

(6)不要随便下水,瀑布中到处都可能存在危险;

(7)风浪太大,不要在瀑布中游泳;

(8)不要在不明水域游泳、跳水;

(9)水浅、人多时不要跳水;

(10)下水前先要做好热身运动;

(11)下水的装备要齐全,一定要戴泳镜;

(12)要防止晒伤及脚底刺伤(见图8-4-1)。

图 8-4-1

二、瀑布探险

瀑布探险是 20 世纪出现的一项体育旅游运动,多是利用自然瀑布开展,因其极具刺激性,吸引了成千上万的探险者。瀑布探险是一项锻炼勇气和胆量,同时也是增强体质,以及适应在特殊环境下自身反应能力的体育运动。但它也存在着一定的不安全因素,所以进行探险必须接受一定时间的培训和严格的纪律约束,只有这样才能保证探险的成功。

因水雾很大,在拍摄瀑布景色时,最好选用防水性能较好的相机,同时不要忘记携带遮光罩和塑料袋,或者带顶大沿休闲帽,主要用来为相机和镜头遮雨,防止水溅到机身上,还不要忘了带镜头布,以便随时擦拭镜头上的水珠(见图 8-4-2)。

图 8-4-2

第五节 海滩体育旅游

海滩体育旅游指利用海上和海滩旅游资源开展的冲浪、潜水、帆船、海底探险等项目的活动。

一、冲浪

(一)概述

冲浪是站立在冲浪板上,或利用腹板、跪板、充气的橡皮垫、划艇、皮艇等驾驭海浪的一项水上运动。不论采用哪种器材,都要有很高的技巧和平衡能力,同时要善于在风浪中长距离游泳。

冲浪运动以风浪为动力,因此需要在有风浪的海滨进行。海浪的高度要在 1 米左右,最低不得少于 0.3 米。夏威夷群岛常年有适合于冲浪运动的海浪,特别是冬天或春天都有从北太平洋涌来的海浪,浪高达 4 米,可以滑行 800 米以上,因此夏威夷群岛一直是世界冲浪运动的中心。

(二)注意事项

(1)携带冲浪板时要注意转弯的地方,放在地上时要轻放,风大时摆在沙地上要将沙子盖在冲浪板上,避免被风吹走;

(2)拿着冲浪板向海边走去,不要把冲浪板放在身体前面,防止海浪撞击冲浪板打到自己的身体;

(3)由外海冲浪回岸边,当水深约 30 厘米时,应立即下冲浪板,避免冲浪板直接撞击到石头上;

(4)冲浪板与海浪撞击时,千万不可用手去拉安全脚绳和冲浪板,以免手被拉伤;

(5)多人冲浪时,每个人之间的距离应保持两个冲浪板的长度;

(6)如果是初级冲浪手,注意下水前要检查装备,蜡块打过没

有,安全绳、救生衣是否完好,做 20 分钟暖身运动后,方可下海冲浪;

(7)冲浪起乘规定,以最靠近海浪崩溃点为准,谁第一个站立起来,旁边的冲浪手都要停止冲浪,否则,发生事故,抢浪的人要承负一切后果和赔偿责任;

(8)最好的浪形是中间崩溃往两边斜面推进的海浪,一排涌起、瞬间崩溃的浪形最危险,如遇到这种浪形应立即上岸休息;

(9)冲浪时如果看到有水母出现,或是被水母咬伤,应尽快上岸休息;

(10)在外海冲浪时,如果遇到的风浪从上方整排盖下来,应迅速把冲浪板往后丢,并立即潜水躲避(见图 8-5-1)。

图 8-5-1

二、潜水

(一)概述

潜水分专业潜水和休闲潜水。专业潜水主要指水下工程、水下救捞、水下探险等方面的专业潜水人员进行的潜水活动。而休闲潜水是指以水下观光和休闲娱乐为目的的潜水活动,其中又分为浮潜和水肺潜水(即使用气瓶和水下呼吸器进行潜水)。我们平常能接触到的潜水观光就属于休闲潜水。

浮潜比较简单,只需利用面镜、呼吸管和脚蹼就可以漂浮在水面,然后通过面镜观看水下景观。只要经过简单的培训,而不必一定取得浮潜证书,即可进行浮潜活动。

水肺潜水是带着压缩空气瓶(并非很多人认为的是使用氧气瓶),利用水下呼吸器在水下进行呼吸,是真正潜入水底的一种潜水活动。全套水肺潜水装备包括面镜、呼吸管、脚蹼、呼吸器、潜水仪表、气瓶、浮力调整背心和潜水服等。潜水员在开放水域潜水时,还要携带潜水刀、水下手电乃至鱼枪等必要的辅助装备。

(二)注意事项

(1)潜水对体力消耗较大,因此身体及精神均应保持良好的状态;

(2)检查装备情况,状况良好方可使用;

(3)实行潜伴制,避免单独潜水;

(4)水肺潜水过程中不要屏气,须保持普通、正常的呼吸;

(5)上升过程中的速度不能超过每分钟 18 米;

(6)勿使用耳塞,在耳内感到疼痛前,应使耳压平衡;

(7)遵守潜水深度限制,尽量避免深度超过 30 米(100 英尺),绝不要超过 39 米(见图 8-5-2)。

图 8-5-2

三、帆船 ✪✪✪✪✪✪✪

帆船是借助风帆推动船只在规定距离内竞速的一项水上运动。1900 年第 2 届奥运会开始帆船被列为正式比赛项目。

帆船种类繁多,大体上可分为龙骨帆艇和稳向板帆艇两大类。龙骨帆艇船体中下部有一突出的铁舵,艇长 6.5～22 米,稳定性能好,只能在深水中航行。奥运会项目中的暴风雨型、索林型等均属此类。稳向板帆艇船体中部有一块可上下移动的稳向板,艇长在 6 米以下,轻捷灵活,可在浅水中航行。奥运会项目中的飞行荷兰人型、荷兰人型、470 型、星型、托纳多型等均属此类,是最普及的帆船类型。

帆船比赛在开阔的海面上进行,场地由 3 个浮标构成等边三角形,每段航道长度不得少于 2～2.5 海里。比赛为绕标航行,组织指挥采用国际旗语传达命令,红旗表示按顺时针方向绕标,绿旗表示按逆时针方向绕标,P 字旗表示 5 分钟预备。航行中不按规定绕标,视为未完成比赛;碰撞标志,判罚绕该标志 360 度;碰撞他船,判罚原地旋转 720 度。比赛共进行 7 场,取其中成绩最好的 6 场得分之和作为总分,总分最少者为优胜。每场记分方法为:第 1 名得 0

分,第2名得3分,第3名得5.7分,第4名得8分,第5名得10分,第6名得11.7分,第7名以后按名次加6分(见图8-5-3)。

图 8-5-3

四、海底探险 ◇◇◇◇◇◇

海底探险是指通过潜水过程,利用一些科技装备观赏海底的鱼类、珊瑚等生物,或游览、考察海底地貌,或探索水下古迹沉船的活动(见图8-5-4)。

图 8-5-4

第六节 雪地体育旅游

雪地体育旅游指利用雪地旅游资源开展的越野滑雪、单板滑雪、高山滑雪等项目的活动。

一、越野滑雪

越野滑雪是借助滑雪用具,运用登山、滑降、转弯、滑行等基本技术,滑行于山丘雪原的运动项目。越野滑雪起源于北欧,故又称北欧滑雪,是世界运动史上最古老的运动项目之一。

1924 年,越野滑雪首次列入冬季奥运会比赛项目,有男子 15 千米、30 千米、50 千米单项和团体接力比赛,女子 5 千米、10 千米、20 千米单项和团体接力比赛等。比赛线路分上坡、下坡和平地,各约占 1／3。

越野滑雪是最好的有氧运动之一,它要求协调运用手臂和双腿,操纵滑雪板和滑雪杖。越野滑雪和高山滑雪最主要的区别在于,越野滑雪只有脚趾与滑雪板连在一起,而脚跟是"自由"的,而高山滑雪整只脚都与滑雪板相连。越野滑雪因为脚跟可以活动,所以不但可以翻山越岭,还可以在雪原上奔驰(见图 8-6-1)。

图 8-6-1

二、高山滑雪 ❤❤❤❤❤

(一)概述

　　高山滑雪起源于北欧的阿尔卑斯地区,故又称阿尔卑斯滑雪。高山滑雪是以滑雪板和滑雪杖为工具, 在山坡专设的线路上进行快速回转和滑降的一种雪上竞技项目。高山滑雪是在越野滑雪的基础上形成的,绝大多数滑雪场地都建在山林地带,因此了解场地状况对滑雪者来说很重要。

(二)注意事项

　　(1)应了解滑雪场的高度、宽度、长度、坡度以及走向,否则滑行中一旦出现意外情况,根本来不及做出反应,这一点对初学者尤其重要；

（2）根据自己的水平选择适合的雪道，切不可过高估计自己，贸然行事，应循序渐进，最好能请一名滑雪教练指导；

（3）在滑行中如果对前方情况不明，或感觉滑雪器材有异常，应停下来检查，切勿冒险；

（4）结伴滑行时，相互间一定要拉开距离，切不可为追赶同伴而急速滑降，否则很容易摔倒或与他人相撞；

（5）在中途休息时，应停在雪道的边上，不能停在陡坡处，并要注意从上面滑下来的滑雪者；

（6）滑行中如果失控跌倒，应迅速降低重心，向后坐，不要随意挣扎，可抬起四肢，屈身，任其向下滑动，要避免头朝下，更要避免翻滚；

（7）视力不好的滑雪者，不要戴隐形眼镜滑雪，否则跌倒后容易引起隐形眼镜掉落，应尽量戴有边框的树脂镜片眼镜，这种眼镜在受到撞击后不易碎裂（见图8-6-2）。

图 8-6-2

三、单板滑雪

(一)概述

单板滑雪是一项由滑板和冲浪演化而来的冬季运动项目,与一般的滑雪不同,单板滑雪有许多独特的技巧。单板滑雪要求把双脚同向平行固定在滑雪板上,侧身面对下滑方向,并且不使用保持平衡的滑雪杖,所以对个人的平衡能力要求很高。

(二)注意事项

(1)注意站姿,膝盖弯曲,保持最大的弹性,双手平举,可以辅助平衡,上半身同样应保持最大的弹性,配合滑板动作,做出必要的反应姿势;

(2)滑雪板脱下来时一定要倒放,以免滑雪板在斜坡上滑走;

(3)停下来休息时,应到雪道的两侧,尽量不要选择雪道中间,休息的地方也应选择显眼处,不要在转弯处休息,否则会被转弯的滑雪者撞到;

(4)若不小心受伤,不要慌张,脱下滑雪板,倒插在后面斜坡上,告知其他的滑雪者,请他们帮助拨打雪道旁的电话求救或是去叫救援队(见图 8-6-3)。

图 8-6-3